COMO SER INFLUENCIADOR Digital

DICAS, ROTEIROS E ESTRATÉGIAS PARA REDES SOCIAIS

MARCO AURÉLIO THOMPSON
GISELE TOMPSON

São Paulo
2020

Av. Dra. Ruth Cardoso, 7221, 1º Andar, Setor B
Pinheiros – São Paulo – SP – CEP: 05425-902

SAC Dúvidas referente a conteúdo editorial, material de apoio e reclamações:
sac.sets@somoseducacao.com.br

Direção executiva	Flávia Alves Bravin
Direção editorial	Renata Pascual Müller
Gerência editorial	Rita de Cássia S. Puoço
Editora de aquisições	Rosana Ap. Alves dos Santos
Editoras	Paula Hercy Cardoso Craveiro
	Silvia Campos Ferreira
Assistente editorial	Rafael Henrique Lima Fulanetti
Produtor editorial	Laudemir Marinho dos Santos
Serviços editoriais	Juliana Bojczuk Fermino
	Kelli Priscila Pinto
	Marília Cordeiro
Preparação	Erika Alonso
Revisão	Julia Pinheiro
Diagramação e capa	Tangente Design
Impressão e acabamento	Edições Loyola

DADOS INTERNACIONAIS DE CATALOGAÇÃO NA PUBLICAÇÃO (CIP)
ANGÉLICA ILACQUA CRB-8/7057

Thompson, Marco Aurélio
    Como ser influenciador digital / Marco Aurélio Thompson, Gisele Tompson. – São Paulo : Érica, 2020.
    208 p.

    Bibliografia
    ISBN 978-85-365-3256-1

    1. Redes sociais on-line 2. Mídia social 3. Celebridades da internet - Profissão 4. Roteiros I. Título II. Tompson, Gisele

19-2130
CDD-302.231023
CDU-316.774

Índices para catálogo sistemático:
1. Redes sociais : Influenciadores digitais

Copyright © Marco Aurélio Thompson
2020 Saraiva Educação
Todos os direitos reservados.

1ª edição
2020

Nenhuma parte desta publicação poderá ser reproduzida por qualquer meio ou forma sem a prévia autorização da Saraiva Educação. A violação dos direitos autorais é crime estabelecido na Lei n. 9.610/98 e punido pelo art. 184 do Código Penal.

| CO | 645371 | CL | 642457 | CAE | 663020 |

Requisitos de Hardware e Software

Para influenciadores com pouca ou nenhuma necessidade de edição de imagem e vídeo:

Smartphone com Android ou iOS:

- abertura F 2.2 ou menor;
- estabilização de vídeo;
- FPS da gravação mínimo 30 fps, desejável 60 fps;
- memória interna mínima de 32 GB, desejável de 64 GB ou 128 GB para vídeos 4K;
- memória RAM a partir de 4 GB, desejável 8 GB;
- microfone com redução de ruído;
- resolução de vídeo mínima de 720 p, desejável 1.080 p ou 4K (2.160 p);
- resolução mínima na câmera frontal de 5 MP, desejável 12 MP ou superior;
- tela de 5" ou maior.

Para saber se um modelo possui microfone com redução de ruído, ou para fazer comparações entre marcas e modelos, sugerimos que pesquise nos sites <www.tudocelular.com> ou <www.gsmarena.com>.

Acessórios (opcionais):

- adaptador de smartphone para tripé;
- anel suporte antifurto para celular;
- capa de smartphone antichoque;
- controle remoto bluetooth;
- estabilizador Gimbal ou similar;
- iluminador circular (LED ring light);
- iluminador de LED portátil;
- microfone de lapela com ou sem fio;
- bastão extensor para selfie (stick selfie), com ou sem botão disparador;
- power bank;

- slider Dolly;
- suporte universal veicular;
- teleprompter para tablet ou smartphone;
- tripé de mesa – médio;
- tripé de mesa – mini;
- tripé flexível;
- tripé robusto para externas.

Para projetos com maior necessidade de registro de imagem, recomenda-se pesquisar no mercado modelos de câmeras DSLR. Os modelos GoPro são altamente recomendados para vídeos de ação e aventura.

Para influenciadores que pretendam fazer a própria edição de vídeo:

Computador PC ou Mac:

- 100 GB de espaço livre no HD;
- HD externo para backup;
- mínimo de 8 GB de memória RAM, desejável 16 GB;
- placa de vídeo dedicada (pesquise os modelos indicados para edição de vídeo);
- processador de 3 GHz ou superior;
- resolução de tela mínima 1.280 × 720;
- sistema operacional Windows 10, Linux ou macOS.

Este livro possui material digital exclusivo!

Para enriquecer a experiência de ensino e aprendizagem por meio de seus livros, a Saraiva Educação oferece materiais de apoio que proporcionam aos leitores a oportunidade de ampliar seus conhecimentos.

Para acessá-lo, siga estes passos:

- Em seu computador, acesse o link: **http://somos.in/CSID1**
- Se você já possui uma conta, digite seu login e sua senha. Se ainda não tem, faça seu cadastro.
- Após o login, clique na capa do livro *Como ser um influenciado digital*. Pronto! Agora, aproveite o conteúdo extra e bons estudos!

Qualquer dúvida, entre em contato pelo e-mail **suportedigital@saraivaconecta.com.br**.

Sobre os Autores

Marco Aurélio Thompson é escritor, jornalista, palestrante, consultor pelo Sebrae, hacker ético profissional, diretor da Escola de TI, professor com quatro licenciaturas plenas (Letras/Unifacs, História/Estácio de Sá, Matemática/Estácio de Sá e Pedagogia/Unifacs), com especialização em Psicopedagogia (Unifacs). Tem MBA em Gestão de Tecnologia da Informação (FMU), pós-graduação em *Ethical Hacking* e *Cybersecurity* (Univ), bacharelado em Sistemas de Informação (Unifacs) e Administração de Empresas (Unifacs). Está bacharelando em Direito pela Universidade Federal da Bahia (UFBA). É influenciador digital no segmento educação profissionalizante e segurança da informação. É um dos mais bem posicionados instrutores na comunidade on-line Udemy em língua portuguesa e um dos dois únicos brasileiros a receber o título *Community Champion* da Udemy Brasil.

<http://marcoaurelio.net>

Gisele Tompson é advogada atuante formada pela Universidade Estácio de Sá e pós-graduanda em Direito Trabalhista e Previdenciário pela mesma instituição. É ex-vice-presidente da OAB Mulher, na 24º subseção da OAB Nilópolis, atual conselheira no Conselho Municipal dos Direitos da Mulher Nilopolitana, está se especializando em Direito da Informática e estreia como autora neste livro.

Agradecimentos

Agradeço ao Grande Arquiteto do Universo, cuja infinita sabedoria fez com que esta obra fosse concluída no momento certo.

Agradeço também ao Mestre Leonardo, sempre a lembrar-me da minha missão.

Aos meus pais, exatamente quem eu precisava para me tornar quem me tornei: um homem honesto, trabalhador, não livre de imperfeições, mas com a balança mais pesada para o lado das virtudes.

À tia e madrinha Dalva, minha maior incentivadora.

À Gisele Tompson, irmã e primeira advogada da família, que prontamente aceitou o convite para contribuir com este livro escrevendo sobre a legislação que se aplica ao influenciador digital.

Aos amigos virtuais Claudia Pereira Santos da Silva, Emerson Matsukawa, Guilherme Reis Ferreira, Jean César Vasconcelos, Jéssica Gizela Marinho, João Acelino Barbosa Filho (Dondinho), Luís Henrique Machado Jr., Odeilson de Castro Marques, Sâmilla Rafaela de Andrade Tourinho e Wagner Morelli Tanure.

Um agradecimento especial a Rosana Aparecida e Paula Craveiro, da Editora Érica, pelo profissionalismo e dedicação a este trabalho.

Por fim, a todos os não citados, mas que, direta ou indiretamente, fizeram parte desta jornada.

A todos vocês, muito, muito obrigado mesmo.

Marco Aurélio Thompson

Primeiramente, agradeço a Deus por ter me proporcionado os dias de minha vida.

A meus pais, Floriano e Maria Conceição (*in memoriam*), por toda a estrutura de vida que me foi proporcionada e que permitiu meu constante crescimento pessoal e profissional.

A meus irmãos Bruno, por ter ajudado em minha caminhada, e Marco, por mais um presente em ter feito o convite para participar desta obra, que prontamente aceitei e agradeço.

A meu esposo Jorge Scalise, por ter sido o complemento em minha vida.

À minha filha Maria Flor, que é o ar que respiro e é minha inspiração.

Aos meus familiares e amigos, que a qualquer momento estão dispostos a me ajudar, pois sabem da minha luta e do meu sonho.

Gisele Tompson

Prefácio

Este trabalho começou a tomar forma há mais ou menos dois anos, por conta de um interesse pessoal sobre influenciadores digitais como possível tema para uma dissertação de mestrado.

Para o mestrado, acabamos optando por investigar a heutagogia como metodologia de ensino indicada para a educação dos *millennials*, a geração da internet, mas esse estudo sobre influenciadores despertou a atenção do SENAC e fomos convidados a contribuir com algumas sugestões para um novo curso que estavam prestes a lançar, o de influenciador digital.

Confesso que, apesar de as muitas sugestões que fizemos, pouco foi aproveitado. Devido aos cursos do SENAC serem estruturados sobre eixos pré-definidos e da infraestrutura do local, a opção que fizeram foi pela oferta de um curso de influenciador voltado ao uso de softwares de edição.

Estávamos incomodados por não poder mostrar às pessoas nossas descobertas sobre como poderiam se tornar influenciadores digitais em diversas mídias. Depois de tanto estudo e pesquisa, após a descoberta de um caminho seguro que qualquer um pudesse seguir, aceitar que em mais alguns anos esse material estaria desatualizado era desapontador.

No mesmo ano, a Editora Érica manifestou interesse pela publicação do livro, e prontamente aceitamos a tarefa de ajudar a fazê-lo chegar até você. Assim, começando com um pré-projeto de mestrado, passamos por uma breve consultoria informal para o SENAC, até chegar à Editora Érica.

Aqui reunimos o resultado de nossa pesquisa, nosso estudo e nossa dedicação, para fazer chegar a você um material que sirva de orientação para a sua formação como influenciador digital. Não é um livro acadêmico com o objetivo de discutir as implicações antropológicas e sociológicas da influência digital; é um livro para quem "quer fazer". Por isso, usamos uma linguagem simples sem dispender muito tempo com as teorias. Afinal, o resultado virá da ação, e este livro é para quem quer agir e agir já.

Esperamos que logo mais você faça sucesso nas redes sociais, e a nossa satisfação será maior ainda se você divulgar o livro e disser aos seus milhares de seguidores onde tudo começou.

Os autores

Introdução

Black Mirror é uma série de ficção científica exibida pela primeira vez em 2011 e sugere um futuro distópico para a humanidade. Algumas séries de ficção científica são bastante fiéis na representação do futuro, se considerarmos que, em 1966, três anos antes de o homem pisar na Lua, a série *Jornada nas Estrelas* já fazia referências a smartphones, tablets, diagnóstico por imagem, impressão 3D, óculos de realidade virtual, realidade aumentada e várias outras inovações que se tornaram comuns alguns anos depois. *Black Mirror* não deve ser assistida apenas como entretenimento, mas como possibilidade real de um futuro que nos aguarda ainda no século XXI.

No primeiro episódio da terceira temporada, *Nosedive*, o status social das pessoas é determinado pelo número de seguidores e avaliações positivas. No início do episódio, a protagonista está com uma pontuação elevada e, por isso, recebe um convite para ir a uma festa exclusiva para pessoas com alta aceitação social. Até chegar à festa, ocorrem alguns revezes e a sua aceitação vai despencando, tendo como consequência a perda do acesso ao mundo ao qual ela almejava e pondo fim às suas pretensões de fazer parte do seleto grupo. O futuro previsto em *Nosedive* não é distante; na verdade, já está acontecendo.

Na Udemy, um *marketplace* de cursos on-line, os cursos e os instrutores mais bem avaliados são exibidos na página inicial do site e, como consequência, veem seu faturamento aumentar. Instrutores e cursos com menos avaliações ou com um número reduzido de alunos só aparecem quando pesquisados, gerando um número menor de vendas, independentemente de ser um bom curso.

O critério de exibir o que está mais bem avaliado dificulta a ascensão dos instrutores sem influência nas redes sociais. A Udemy serve como exemplo, pois é uma plataforma de monetização rápida e as maiores recompensas irão para os cursos e os instrutores mais bem avaliados, os influenciadores digitais do segmento educação profissional.

Se você considerar que vários aplicativos e serviços on-line estimulam a avaliação mútua, constatará que muitos têm perdido clientes, vendas, chances em relacionamentos e até vagas de emprego por não estar bem avaliado nos *apps* e nas redes sociais.

Considere alguém que faça negócios em plataformas como Mercado Livre, Uber e Airbnb; é pouco provável que consiga vendas, passageiros ou hóspedes se tiver um perfil que aparece como mal avaliado. É certo que não. Até os empregadores não estão se limitando apenas à análise de currículo, entrevistas e dinâmicas de grupo; eles também pedem que o candidato informe o endereço dos perfis nas redes sociais ou buscam essa informação à revelia. Com isso, eles esperam descobrir como o candidato se comporta nas redes sociais e, como consequência, muitos aparentemente bem qualificados estão sendo preteridos, perdendo chances e oportunidades por não saberem se posicionar.

Nossa pesquisa de mestrado revelou que ser influenciador digital não se limita mais a fazer sucesso como youtuber, facebooker ou instagrammer, por exemplo. Ser influenciador digital está deixando de ser uma escolha para se tornar uma necessidade em um mundo cada vez mais digital, remetendo ao episódio *Nosedive*, da série *Black Mirror*.

Concorrer a uma vaga de emprego, vender na internet, oferecer serviços de toda ordem, conseguir votos nas eleições, aumentar as chances na busca de um relacionamento, ser motorista de aplicativo, disponibilizar a casa ou cômodo para locação por temporada... tudo isso faz parte da vida moderna e, para participar desse novo mundo, precisamos aumentar o alcance e a qualidade da nossa influência digital.

O jogo das mídias sociais acontece em uma arena democrática. Não faz tanta diferença ser uma empresa com milhares de reais para investir em mídias sociais ou alguém com pouco ou nenhum dinheiro para investir. O potencial de influência é determinado por variáveis em que o peso do fator financeiro não é tão grande assim. Campanhas publicitárias caras são derrubadas por um único post, acidental ou propositalmente colocado.

O fato é que o mundo analógico acabou e os últimos resquícios ficaram na virada do milênio, na entrada do século XXI. Nossos pais, avós e bisavós tiveram mais tempo para se adaptar às mudanças sociais causadas pelas tecnologias das suas épocas. Quem nasceu de 1990 para cá, não.

O telefone com fio (fixo), apesar de ser uma invenção de 1876, até a década de 1990 era considerado um artigo de luxo. Ter uma linha de telefone era algo que apenas algumas famílias tinham acesso, dado ao alto custo. A linha telefônica era vista como um patrimônio e figurava em testamentos como herança; além disso, precisava ser declarada no Imposto de Renda.

O cinema, uma invenção de 1895, só foi competir com a televisão a partir da década de 1960.

O primeiro computador PC (Personal Computer) é de 1986.

A internet pública chegou ao Brasil em dezembro de 1994, por sorteio via Embratel.

O telefone celular só se popularizou no final da década de 1990.

O disco de vinil é do final da década de 1940 e a fita cassete foi oficialmente lançada em 1963. Levaram anos até competirem com o Compact Disc (CD), uma tecnologia que se popularizou na década de 1990 e já perdeu espaço faz tempo para o formato MP3 e para o *streaming* de música digital.

As fitas de VHS reinaram absolutas desde a década de 1970, até serem substituídas pelo DVD a partir da década de 1990. Foram duas gerações gravando, assistindo e alugando filmes em locadoras, mas entre a chegada do DVD e o *streaming* de vídeo, temos apenas uma geração.

Os pais das crianças nascidas na virada do milênio são da década de 1980. Seus filhos não sabem o que é internet lenta ou discada, nem o que é frequentar locadoras de vídeo. Foram muitas as mudanças em pouco tempo.

O lançamento do iPhone, da Apple, em 2007 é considerado um divisor de águas na tecnologia móvel, pois foi a partir daí que surgiu o império dos aplicativos. Todas as empresas inovadoras que a gente conhece e que moldaram o mundo atual começaram naquele período. Elimine da sua vida apenas Google, YouTube, Facebook, Uber e WhatsApp e perceberá como estamos dependentes dessas novas formas de comunicação.

É uma época de transição, com tecnologias surgindo e desaparecendo muito rápido. Crianças, jovens e adolescentes que nasceram com os dedos em tablets e smartphones, convivendo com pessoas ainda jovens, mas cujas tecnologias que conheceram na infância e adolescência não existe mais.

Quem comenta algo como "no meu tempo, a conexão com a internet era discada", é alguém com cerca de 30 anos, porém um *idoso digital* na opinião da geração da internet.

Jovens, muitas vezes com pouco ou nenhum estudo e usando apenas um telefone celular conectado à internet, estão conseguindo uma audiência maior do que a de alguns programas e canais da TV aberta. É esse fenômeno que vem sendo estudado e que as empresas já perceberam que não conseguem concorrer, então, precisam se juntar a ele. Para isso, buscam influenciadores para posicionar e reposicionar suas marcas. Quem está se aventurando está conseguindo excelentes resultados, tanto financeiro quanto em satisfação pessoal. Com este livro, esperamos poder ajudá-lo a alcançar esses objetivos, partindo de um projeto estruturado. O tempo da aventura, da tentativa e do erro já passou.

Nós queremos lhe ajudar não apenas a entender, mas também a fazer parte do mundo distópico apresentado em *Black Mirror*. Ser influenciador não é mais opção; é questão de sobrevivência socioeconômica. Você precisa ter, manter e melhorar sua presença nas redes sociais. Dependerá disso para continuar trabalhando, negociando e se relacionando com as pessoas. Até para se hospedar usando a Airbnb ou chamar o Uber é necessário ter uma boa reputação. Experimente deixar sua pontuação cair, acabe com a sua reputação e tente chamar um motorista de aplicativos ou se hospedar. Veja o que acontece. Ou compare como são atendidos os influenciadores nos restaurantes e como são atendidos quem não é. Se for um Guia Local Google, a diferença no atendimento é ainda maior.

Vá além. Adicione em suas redes sociais conteúdo de gosto duvidoso, fotos constrangedoras e muita besteira e veja o quanto isso vai contribuir na busca de um emprego ou se manter no atual. Experimente postar ofensas a grupos sociais se valendo da liberdade de expressão. Veja o que acontece.

Na verdade, sugerimos que você **não** "pague para ver", pois o preço é alto e a dívida é longa. A internet não esquece. A maioria das pessoas ainda não se deu conta das mudanças relacionadas às comunicações e às relações sociais. Você, ao tomar a decisão de ler este livro, já pode se considerar na vanguarda de uma revolução que mal começou. Mas se pretende ser mais que um espectador ou coadjuvante, precisa agir e agir logo. A primeira geração de influenciadores já está por aí, cada vez mais estabelecida. Aprenderam com seus erros e acertos, mais erros que acertos, até entenderem como as coisas funcionam e se profissionalizarem.

Se hoje você tivesse milhares de seguidores em sua rede social e continuasse a fazer o que faz, qual seria o resultado? Teria mais dinheiro na conta bancária? Seria uma pessoa mais feliz? Venderia mais? Se você tivesse milhares de seguidores, conseguiria mais votos, vendas, clientes, comissões, atenção para a sua causa, conversões, chances de se manter ou conseguir um emprego? Refletir sobre essas questões pode lhe ajudar a ter uma ideia mais exata do que é ser um influenciador digital.

Por outro lado, quem está começando não pode mais se dar ao luxo de fazer as coisas no improviso ou aguardar o número de acertos superar o de erros. Empresas estão sendo criadas para auxiliar outras empresas e pessoas na influência digital. Ainda é possível começar com pouco ou nenhum investimento, mas não dá mais para perder tempo errando e aprendendo como os primeiros influenciadores fizeram. A maioria deles levou entre três e dez anos para se posicionar. Você precisa apresentar resultados entre seis meses e um ano. E daqui a uns dez anos será ainda mais difícil se posicionar em um mercado que tende a ser cada vez mais competitivo. A hora é esta e este é o livro certo para você: um guia seguro para quem pretende iniciar uma bem-sucedida carreira como influenciador digital.

Este livro foi pensado de maneira que atenda a todas as gerações – dos *baby boomers* à geração Z. Além disso, os capítulos são concisos; não vamos dedicar muito tempo ao estudo da teoria, pois os resultados virão da prática, da informação útil que possa gerar ação imediata após a leitura.

No Capítulo 1, entenderemos um pouco mais sobre o fenômeno das redes sociais e o choque de gerações. É importante você compreender a qual geração pertence para criar uma estratégia de influência ancorada nos anseios dela. Tem lugar para todos: do recém-nascido, que terá a carreira gerenciada pelos pais, até o idoso entediado em busca de atividades lucrativas para complementar a renda, fazer novos amigos ou apenas buscando algo para fazer.

No Capítulo 2, veremos porque ser influenciador digital já é considerado profissão.

No Capítulo 3, apresentaremos um roteiro seguro de como começar do zero e se tornar influenciador, sendo capaz de reunir e se comunicar com milhares de seguidores.

No Capítulo 4, descreveremos as funções que existem nas produtoras especializadas em influência digital, e você descobrirá que muita gente começou sem qualquer ajuda, como empresa de uma única pessoa.

Os Capítulos 5 a 12 trarão dicas, roteiros e estratégias para as principais plataformas por meio das quais você poderá se tornar um influenciador digital.

No Capítulo 13, reuniremos algumas informações importantes sobre *haters*, *trolls* e problemas de segurança da informação. Tão logo você comece a influenciar, os haters aparecerão e é preciso saber lidar com eles. Igualmente importante é saber como proteger seu perfil e conteúdo de pirataria, ataques e invasões.

No Capítulo 14 são apresentadas informações básicas sobre como evitar problemas legais e, também, como resolvê-los caso apareçam. Nele serão apresentadas leis que todo influenciador precisa conhecer para não se encrencar.

Neste livro, conseguimos reunir de forma sucinta, mas não superficial, tudo o que você precisa para começar como influenciador a partir de agora, com o que tem, sem precisar investir em nada ou quase nada. É um caminho seguro, que é tudo o que influenciadores veteranos queriam saber quando começaram, mas não tinham a quem perguntar. Como você não começou como influenciador com a primeira geração, terá a vantagem de seguir um roteiro estruturado para começar.

Queremos lhe ajudar a se tornar o próximo influenciador digital. E quando você tiver milhares de seguidores nas redes sociais, lembre-se de como tudo começou e não esqueça de adicionar seu mais novo amigo @marcoaureliothompson.

Sumário

Parte 1 ▶ Conceituação 23

CAPÍTULO 1 O mundo acabou na virada do milênio 25
1.1 Somos todos influenciadores 32

CAPÍTULO 2 Influenciador digital é profissão 35
2.1 A profissão de youtuber no Brasil 36
2.2 Como ser influenciador digital 39
2.3 Influência midiática e social 40
2.4 Monetização 41
2.5 O alcance não determina o potencial de influência 44
    2.5.1 Características desejadas no influenciador 45
2.6 A empresa é Você: bem-vindo ao mundo dos negócios 47
    2.6.1 Comece com o pé direito 49
    2.6.2 Como tudo funciona 50
    2.6.3 Seis etapas do negócio de influenciador digital 51
    2.6.4 Gerar renda como influenciador 53
    2.6.5 A hora de vender o negócio 53
    2.6.6 Não seja expulso do jogo, principalmente se estiver ganhando 54
    2.6.7 Efeito abdução 54
    2.6.8 Reputação vale ouro, cuide bem dela 54

CAPÍTULO 3 Como ser um influenciador 57
3.1 Como influenciar da maneira correta 60
    3.1.1 Como influenciar com texto 60
    3.1.2 Como influenciar com áudio 61
    3.1.3 Como influenciar com imagem 61
    3.1.4 Como influenciar com vídeo 63
3.2 O segredo da criatividade 64

CAPÍTULO 4 A empresa de uma pessoa só 67
4.1 Próximo passo: ampliação da equipe – mas não precisa fazer isso agora! 72

Parte 2 ▶ Prática 77

CAPÍTULO 5 Como começar 79
5.1 Meta 80
5.2 Organograma 81
5.3 Projeto 82
    5.3.1 Como se tornar influenciador em 10 passos simples 82

5.4	Cronograma	89
5.5	Criatividade	90
5.6	O equipamento	91

CAPÍTULO 6 Roteiro para blogs ... 93

6.1	Introdução à web	94
6.2	Do hipertexto ao blog	95
6.3	Blog como meio de influenciar	96
	6.3.1 Primeiros passos	97
	6.3.2 O que postar?	98

CAPÍTULO 7 Roteiro para o Instagram ... 99

7.1	História do Instagram	101
7.2	Pontos importantes para influenciar no Instagram	102
7.3	Hora de monetizar	103
7.4	Formato das imagens para divulgação no Instagram	105

CAPÍTULO 8 Roteiro para o Twitter ... 107

8.1	Divulgação de notícias	110
8.2	Esteja atento ao repasse de informações	113
8.3	Ingressando no Twitter	114
8.4	Como usar o Twitter para influenciar	117
8.5	Utilização de imagens e formatos adequados	120
8.6	Glossário de termos utilizados no Twitter	122

CAPÍTULO 9 Roteiro para o YouTube ... 125

9.1	Quem utiliza o YouTube?	126
9.2	Impacto na TV aberta e no cinema	127
9.3	Impacto na publicidade	128
9.4	Criação de conta no YouTube	129
	9.4.1 Personalize sua conta Google	130
9.5	Criando seu canal	130
9.6	Formato de imagens para o YouTube	131
9.7	YouTube Studio	131
	9.7.1 Features	132
	9.7.2 Como carregar um vídeo	134
	9.7.3 Analytics	135
	9.7.4 Penalizações	135
9.8	Fazendo sucesso no YouTube	137
9.9	Pedindo ajuda	138

CAPÍTULO 10 Roteiro para o Facebook ... 141

10.1	Contas padrão	142
	10.1.1 Criação de conta	143
	10.1.2 Personalizando o Facebook	144
	10.1.3 Edição de perfil	145

10.2 Influenciando no Facebook 147
10.3 Formato das imagens no Facebook 148

CAPÍTULO 11 ROTEIRO PARA O LINKEDIN 149
11.1 Primeiros passos 150
11.2 Perfil corporativo 154
11.3 Monetização 155
11.4 Formatos para divulgação 156

CAPÍTULO 12 ROTEIRO PARA O GUIA LOCAIS GOOGLE 157
12.1 O que é? 158
12.2 Como funciona? 159
12.3 Benefícios 161
12.4 Conteúdo proibido e restrito 162
12.5 Dicas para escrever ótimos comentários 162
12.6 Como iniciar como Guia Local Google em apenas dez minutos 163

Parte 3 ❯ Cuidados legais 165

CAPÍTULO 13 COMO LIDAR COM *HATERS*, *TROLLS* E OUTROS BICHOS 167
13.1 Crimes virtuais 169
    13.1.1 Como denunciar um crime virtual 172
    13.1.2 Como lidar com detratores 173

CAPÍTULO 14 O MÍNIMO QUE VOCÊ PRECISA SABER SOBRE LEGISLAÇÃO PARA NÃO SE ENCRENCAR 177
14.1 Direitos autorais e direito de imagem 178
14.2 Injúria, calúnia e difamação 180
14.3 *Cyberbulling* 181
14.4 Dano moral 182
14.5 Liberdade de expressão 183

Parte 4 ❯ Anexos e Apêndices 185

ANEXO A – PROJETO DE LEI SOBRE A REGULAMENTAÇÃO DA PROFISSÃO DE YOUTUBER 186
ANEXO B – PRINCIPAIS ARTIGOS DA LEI DE DIREITOS AUTORAIS 188
ANEXO C – TERMO DE AUTORIZAÇÃO DE USO DE IMAGEM PESSOAL 196
APÊNDICE A – SITES ÚTEIS E CONTEÚDOS LIVRES DE ROYALTIES 197

REFERÊNCIAS BIBLIOGRÁFICAS 205

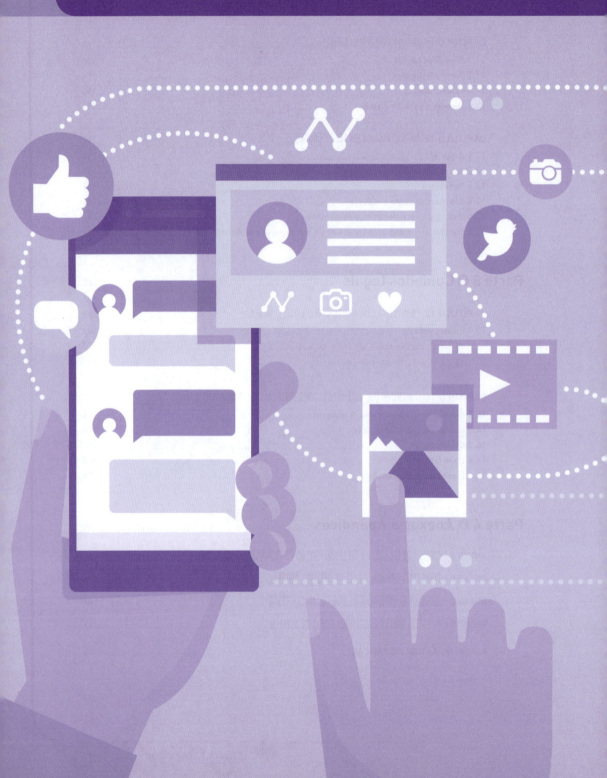

Conceituação

PARTE ▸ 1

Nas empresas, nas universidades ou mesmo nas conversas entre adolescentes, discutem-se em diferentes níveis de profundidade o fenômeno das redes sociais. As empresas já se deram conta de que a forma de fazer propaganda e de se comunicar que funcionava até bem pouco tempo atrás não está mais dando resultados; elas precisam da ajuda dos influenciadores para se posicionar. As instituições de ensino estão tentando descobrir como adaptar seus currículos a um mundo em que a influência digital é cada vez mais relevante. E os adolescentes e seus pais estão procurando um caminho para também entrar nessa: todos querem alcançar a fama e o sucesso nas redes sociais.

Esse novo mundo é recente. Ele começou a tomar forma faz tempo, mas a ruptura se deu, de fato, na virada do século XX para o século XXI. A profecia do "fim do mundo" acabou se cumprindo, só que não foi como esperávamos, pois o que findou foi a maneira de nos comunicarmos e nos relacionarmos. Mas essas mudanças foram tão rápidas que acabaram distanciando ainda mais as gerações. Ainda não deu tempo para a sociedade assimilar as novas ideias e entender que a forma de estudar, de trabalhar, de se locomover, de se relacionar, de se comunicar... simplesmente mudou.

O Orkut, lançado em 2004 e encerrado em 2014, apesar de ter sido muito popular no Brasil, nunca foi experimentado, por exemplo, por quem nasceu depois de 2004. Ao chegar à idade de entrar e fazer parte dessa rede social, ela já estava com os dias contados. Para os mais novos, falar sobre o Orkut pode soar como "velharia", parecido com ouvir dos nossos pais, avós ou bisavós sobre a Era do Rádio ou do tempo em que se alugava fitas VHS e DVD.

Para compreender como a tecnologia afeta a comunicação entre as gerações e usar isso a nosso favor na definição de uma estratégia de influência digital, pense em alguém nascido na década de 1940 e que hoje está prestes a completar 80 anos. Em 1940, as principais formas de comunicação eram o rádio, o jornal e o telefone. O telefone era restrito a poucos lares; o jornal, a algumas cidades; mas o rádio era onipresente e muito popular, a ponto de hoje considerarmos essa época como a Era do Rádio.

Observe que alguém com 80 anos teve uma infância sem televisão, e o que deve recordar é da família reunida em torno do rádio para se entreter e se informar. Jornais e revistas eram opções restritas a algumas cidades e capitais.

Se voltarmos mais vinte anos, chegaremos aos nascidos na década de 1920, muitos ainda vivos e prestes a comemorar seu centenário. Ao longo desse período, os mesmos principais meios de comunicação, estiveram presentes, como o telefone, o rádio, a revista e o jornal. Havia, ainda, o cinema, porém também restrito a algumas cidades. Não houve um choque entre as gerações. As ideias circulantes eram praticamente as mesmas.

A primeira disruptura apareceu na década de 1950, com a chegada da televisão e do disco de vinil, também conhecido como LP (*long-play*). Os nascidos nessa década, hoje próximos dos 70 anos, apesar de presenciarem a chegada da televisão, ainda conviveram com o rádio, mas experimentaram uma novidade: a rádio-vitrola e o disco de vinil.

Foi apenas na década de 1960 que a televisão se popularizou, e os nascidos naquele período têm como recordações da infância as revistas em quadrinho das editoras Bloch e RGE, as primeiras novelas nacionais, os desenhos e os seriados estadunidenses, os ícones como o *Clube do Capitão Aza*, a *Turma do Lambe-Lambe do Daniel Azulay*, as *Mãos Mágicas do Plim Plim*, o *Mágico do Papel*, apresentado por Gualba Pessanha, a *Vila Sésamo*, o *Topo Gigio*, entre outros. Um influenciador que pretenda atingir os nascidos dessa época precisa conhecer tais referências para se comunicar melhor.

A mudança para os nascidos na década de 1960 em relação aos seus pais foi um maior tempo na frente da televisão. Ainda assim, muitos pais dos hoje "cinquentões" e "sessentões" compartilharam o gosto pelo rádio e pela rádio-vitrola, usada para tocar discos de vinil, responsáveis pela animação de muitas festas infantis.

A década de 1970 introduziu o uso da fita cassete, e os avanços na microeletrônica abriram caminho para o som portátil, dando origem às primeiras comunidades de jovens unidos pelo gosto musical. Como resultado, surgiu, na década de 1980, o fenômeno Rock Brasil, cujas referências remontam às décadas de 1960 e 1970, auge da Era Beatles, que teve como contraponto no Brasil o movimento da Jovem Guarda, ressoando a necessidade dos jovens de protestar contra a opressão e a ditadura. Esse movimento cultural brasileiro foi intenso e teve reflexos na música, na moda e no comportamento.

A TV em cores só se popularizou no Brasil a partir da década de 1980, e as pessoas também passaram a ir mais ao cinema, incluindo o cinema ao ar livre, o *drive-in*. Nessa mesma década, presenciamos a chegada das fitas VHS e o *boom* das videolocadoras. Com a fita VHS surgiu a filmadora doméstica, dando início ao registro em vídeo caseiro de eventos sociais e familiares, substituindo o antigo formato Super 8, mais caro e difícil de operar.

As gerações na faixa dos 40 e 50 anos têm como principais lembranças o movimento Rock Brasil, as mudanças sociopolíticas, as idas e vindas às locadoras em busca de filmes para assistir nos finais de semana e muitos filmes que marcaram época, como a trilogia *De volta para o futuro* (1985, 1989, 1990), *Os Goonies* (1985), *ET: o extraterrestre* (1982), *Os caça-fantasmas* (1984), *Rambo I, II e III* (1982, 1985, 1988), a continuação de *Star Wars*, com *O império contra-ataca* (1980), entre outros.

Em nenhuma outra década houve tantos filmes memoráveis quanto os lançados na década de 1980. Esse fenômeno também ocorreu com a música, e para estabelecer comunicação com essa geração, as referências são principalmente, os filmes e as músicas dos anos 1980.

Em relação aos seus pais e avós, nascidos entre 1920 e 1960 e início dos anos 1970, quem é da década de 1980 traz como novidade o cinema e a chegada dos jogos eletrônicos, conhecidos como fliperamas.

Apesar de o computador pessoal (PC) estar disponível desde os anos 1980, a informática só se popularizou a partir da década de 1990, incluindo o surgimento do telefone celular, do CD e do DVD. Curiosamente, o telefone fixo, criado em 1876, somente se popularizou no Brasil nos anos 1990, após a privatização das estatais, o que permitiu levar internet até a população usando a conexão discada, o *dial-up*.

Os primeiros usuários da internet no Brasil são os nascidos a partir da década de 1980, adolescentes e jovens adultos em 1994, quando a internet pública chegou via Embratel.

As novidades dessa época foram tão radicais que até hoje os nascidos nas décadas anteriores encontram dificuldade para se relacionar com a tecnologia daquela época, como a informática e o uso dos computadores.

Os nascidos nos anos 1990 chegaram à adolescência usando a internet e presenciaram os últimos "suspiros" da conexão discada. O VHS deu lugar ao DVD, saiu de cena o disco de vinil e entrou o CD, substituído pouco tempo depois pelo formato digital, o MP3.

A disruptura com as maiores transformações ocorreu na virada do milênio, cujos nascidos a partir do ano 2000 se depararam com o computador onipresente, a internet por banda larga, os tablets, a chegada do smartphone, o fim das brincadeiras de rua, o isolamento social na frente do computador, o império dos *apps*.

Comparados aos nascidos entre as décadas de 1920 e 1960, todos ouvintes de rádio, foi uma mudança muito radical na forma de se informar, se instruir e se entreter em relação a como era no tempo dos seus pais, avós e bisavós.

Como se não bastasse, os nascidos a partir da década de 2010 tiveram contato com a tela do tablet ou do smartphone ainda bebês, e os objetos que até bem pouco tempo fazia parte do cotidiano – e ainda faz para alguns – se tornaram peças de museu, como o CD, o DVD, o telefone fixo e a TV de tubo, por exemplo.

É uma geração com o cérebro modificado, e, com os nascidos na virada do milênio, formam a geração da internet ou a geração digital. Não dá para querer entendê-los ou se comunicar com eles usando formas de comunicação do século passado.

É preciso ter essa compreensão para que se produza conteúdo e se defina estratégias de comunicação que se adaptem a cada geração. As mudanças são tantas e foram tão rápidas que o que antes se levava décadas, a ponto de um avô poder deixar um rádio de herança para o filho em 1920, que ainda seria útil em 1970, hoje já não se pode deixar nem um computador ou smartphone de herança, pois certamente o equipamento estará ultrapassado em pouco tempo, condenado pela obsolescência programada, uma estratégia da indústria que nos obriga a jogar fora os aparelhos eletrônicos após poucos anos de uso.

As crianças da geração digital mal abandonam a fralda, mal começam a falar e já pensam em produzir conteúdo, ser influenciador digital. Nas escolas de classes média e alta, os alunos mais populares são os que têm o maior número de seguidores.

Esse choque de gerações está aparecendo em várias situações, quando pais e professores, cujas principais habilidades na juventude era saber ligar o aparelho de videocassete na TV e rebobinar a fita antes de levar para a locadora, estão tendo que lidar com crianças que podem pesquisar na internet sobre o que se está falando e obter quanta informação quiser sobre qualquer assunto.

> **#SE LIGA**
> Compreender o que pensa e quais são as referências de cada geração é a chave para as empresas e os influenciadores digitais terem sucesso; porque se você pretende atingir um público que hoje está na faixa dos 40 anos, precisa saber como foi a infância e a adolescência desse pessoal e criar conteúdo com referências adequadas a eles.

As crianças não perguntam mais aos pais de onde vem os bebês, qual é a origem do mundo ou qualquer outro assunto que desperte sua atenção; elas perguntam ao Google. E a explicação não vem só em texto: ela também está disponível na forma de vídeo, áudio, ilustração, infográfico, *slide*, *cartoon* e fotografia. Perguntar aos pais para quê? As meninas, por exemplo, não perguntam mais para a mãe ou para a irmã mais velha como se maquiar; elas recorrem aos diversos tutoriais disponíveis no YouTube ou em blogs especializados em beleza. Os meninos não buscam mais o pai para saber sobre algum jogo; eles pesquisam na internet a partir de blogs, YouTube e fóruns sobre qual é o jogo com mais adrenalina.

As empresas de todos os portes precisam entender que, ao serem dirigidas ou administradas por pessoas de gerações muito diferentes do seu público-alvo, as chances de errar a estratégia de comunicação são muito grandes.

Para ser influenciador, comece compreendendo as várias gerações que convivem nem sempre pacificamente, e, caso você queira influenciar uma geração diferente da sua, compreenda como ela pensa a partir das referências que ela teve na infância e na adolescência. São esses os períodos que marcam cada geração e que você precisa compreender para se comunicar com as diferentes gerações.

Idosos entre 60 e 100 anos não vivenciaram em suas épocas mudanças significativas para se informar, entreter e educar. Por outro lado, estranharam um pouco o comportamento de quem hoje está na faixa dos 40 e 50 anos. As mudanças mais radicais ocorrem quando observamos os jovens na faixa dos 30 anos, que também diferem da infância de quem está na faixa dos 20, distante também de quem está prestes a completar 10 anos.

O Gráfico 1.1 ilustra esse fenômeno. Ele considera as décadas e o número de inovações disruptivas que existiram. Após décadas sem quase nenhuma inovação nas relações, entretenimento e comunicações, a partir da década de 1970 apareceram inovações progressivas, que só se estabilizarão por volta de 2050. Se a distância entre as gerações ficou cada vez mais evidente a partir dos anos 1990, com a Quarta Revolução Industrial esse distanciamento será ainda maior. É provável que a sociedade em 2050 seja parecida com a descrita no livro *Admirável mundo novo*[1], de Aldous Huxley, publicado em 1932.

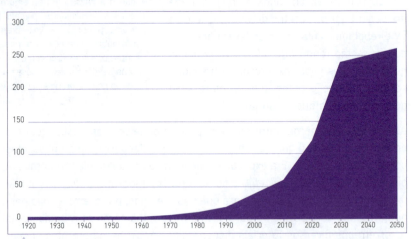

Fonte: elaborado pelos autores.

Gráfico 1.1 Inovações nos campos das relações humanas, entretenimento e comunicações.

As referências entre as gerações são tão marcantes que as principais redes sociais estimam nossa idade a partir do vocabulário que usamos e das palavras digitadas no buscador. A partir daí, passam a exibir anúncios e conteúdos de acordo com essa estimativa, que é bastante precisa, especialmente se você mesmo informar a data de nascimento em algum cadastro ou no perfil de

---

[1] A obra de Huxley, apesar de ser quase centenária, retrata uma sociedade muito parecida com a atual. As pessoas cada vez mais se preocupam em como aparecem (hoje, nas redes sociais), muitas vezes vivendo uma ilusão que tem levado à depressão quando se deparam com a realidade. Além disso, à margem de toda a revolução tecnológica, existem pessoas ainda sem acesso ao básico para sobreviver. O mesmo contraste entre a sociedade aparentemente feliz e os privados da tecnologia aparece no livro, tornando-o digno de leitura como forma de compreender a sociedade que estamos formando.

alguma rede social. As redes sociais acabam se tornando um mecanismo de influência digital, criando a inusitada relação de um influenciador humano dentro de outro influenciador formado por código e linguagem de programação. Às vezes, precisamos nos perguntar quem está influenciando quem, conforme podemos ver a seguir:

– Alô, é da pizzaria Gordon?
– Não, senhor, é da pizzaria Google.
– Desculpe, devo ter ligado para o número errado.
– Não, o número está correto. O Google comprou a pizzaria.
– Ah, entendi. Pode anotar o meu pedido?
– Claro, o senhor quer a pizza de sempre?
– Como assim? Você já trabalhava aí? Me conhece?
– É que, de acordo com nossos sistemas, nas últimas 12 vezes o senhor pediu pizza de salame com queijo, massa grossa e bordas recheadas.
– Isso, pode fazer essa mesma.
– No lugar dessa, posso tomar a liberdade de sugerir uma de massa fina, farinha integral, de ricota e rúcula com tomate seco?
– Não, eu odeio vegetais.
– Mas o seu colesterol está muito alto.
– Quem te disse isso? Como você sabe?
– Nós acompanhamos os exames laboratoriais de nossos clientes e temos todos os seus resultados dos últimos 7 anos.
– Entendi, mas quero a pizza de sempre. Eu tomo remédios para controlar o colesterol.
– O senhor não está tomando regularmente, porque nos últimos 4 meses só comprou uma caixa com 30 comprimidos, na farmácia do seu bairro.
– Comprei mais em outra farmácia.
– No seu cartão de crédito não aparece.
– Eu paguei em dinheiro.
– Mas, de acordo com seu extrato bancário, o senhor não fez saque no caixa automático nesse período.
– Eu tenho outra fonte de renda.
– Isso não está consta na sua Declaração de Imposto de Renda, a menos que seja uma fonte pagadora não declarada.
– Mas que inferno! Estou cansado de ter minha vida vigiada e vasculhada pelo Google, Facebook, Twitter, WhatsApp, essas porcarias todas! Vou mudar para uma ilha sem internet e sem telefone celular, onde ninguém possa me espionar.
– A decisão é sua, senhor, mas quero lhe avisar que seu passaporte venceu há 5 semanas. (ANÁLISE PREDITIVA, s/d)

1.1
Somos todos influenciadores

Influenciar é interferir no percurso original de um grupo ou de alguém. O cidadão A saiu de casa para comprar um refrigerante e, no meio do caminho, mudou de ideia e decidiu comprar um sorvete. O que pode tê-lo influenciado?

O mesmo cidadão sempre vacinou seus filhos e, de um momento para outro, passou a considerar a vacina mais nociva do que a doença, reprisando o que a população do Rio de Janeiro fez no início do século passado, no que ficou conhecido como A Revolta da Vacina, quando parte da população se recusou a ser vacinada devido ao desconhecimento sobre o que era vacina e o medo de seus efeitos. Alguém, em algum lugar, falou ou escreveu que a vacina faz mal e uma parcela da população "comprou a ideia", acreditou na história. Esse episódio esconde um detalhe importante, porque as pessoas associam o progresso tecnológico a uma suposta evolução da humanidade, mas não é bem assim.

Acontece que, passados mais de cem anos, o que não nos falta é informação, mas, ainda assim, há quem se recuse a se vacinar e a vacinar os filhos com a crença de que a vacina não faz bem.

As pessoas não evoluíram o mesmo tanto que a tecnologia e a ciência. Se fossem enviadas ao passado ou de lá viessem, em poucas semanas estariam adaptadas ao novo estilo de vida, atual ou da antiguidade – esta tese foi aproveitada pelo autor Mario Teixeira ao escrever o roteiro da novela *O tempo não para*, exibida pela Rede Globo no segundo semestre de 2018. No capítulo 8, Dom Sabino, interpretado pelo ator Edson Celulari, comentou sobre a passagem do tempo, sobre as inovações tecnológicas e de como as pessoas continuam com os mesmos traços de personalidade desde 1886.

De fato, se considerarmos que as mesmas fraquezas de caráter, os conflitos e as picuinhas descritas em obras tão antigas quanto o *Mahabharata*[2] (500 a.C.), *Enuma Elish*[3], o mito da criação babilônico (3.300 a.C.), o *Pentateuco*[4] (1.200 a.C. a 100 a.C.), entre outros, precisamos reconhecer que os últimos 30 mil anos não foram o suficiente para mudar significativamente o *Homo sapiens*.

---

2 Para saber mais sobre *Mahabharata*, acesse: <https://super.abril.com.br/historia/o-que-e-o-mahabharata/>. Acesso em: 21 maio 2019.
3 Para saber sobre *Enuma Elish*, visite o link: <https://institutofilosofia.jimdo.com/mito/>. Acesso em: 21 maio 2019.
4 Para conhecer mais sobre o *Pentateuco*, acesse: <https://www.gotquestions.org/Portugues/Pentateuco.html>. Acesso em: 20 maio 2019.

Somos influenciáveis e influenciadores por natureza; o que você precisa fazer é ser mais influenciador do que influenciado e usar isso a seu favor ou de sua empresa. Experimente ir trabalhar vestido da melhor maneira possível, com elegância, cheio de acessórios, e chegue de limusine se puder (o aluguel não é tão caro). Em poucos dias, perceberá uma mudança de atitude e seus colegas de trabalho começarão a se vestir melhor e alguns pensarão em até trocar de celular, uma das marcas de status social.

Se moda não é o seu forte, experimente chegar na empresa com flores para todas as mulheres que lá trabalham e avise que está muito feliz porque seu investimento em Bitcoins está dando resultado. Não estranhe se na primeira oportunidade seus colegas pedirem dicas de como investir em Bitcoin. Você será visto como autoridade, mesmo com um saldo de apenas R$ 10,00, o que equivale a 0,0003 Bitcoin pela cotação do dia em que escrevemos este capítulo[5].

Somos influenciados o tempo todo por pessoas, propagandas, filmes, séries, *cartoons*, músicas, citações, algoritmos de mecanismos de busca e redes sociais.

Em uma palestra sobre higiene bucal, um dentista citou uma conversa curiosa com seu paciente:

> *– Doutor, em quais dentes devo usar fio dental?*
> *– Só naqueles que você não quer perder.*

O diálogo talvez seja fictício, mas é o suficiente para convencer as pessoas a usar o fio dental – em todos os dentes! Se isso ocorrer, podemos dizer que esse pequeno texto é um texto influenciador.

A influência social é o ato de levar uma pessoa ou um grupo a fazer ou a acreditar em algo que não pretendiam ou desconheciam, muitas vezes beirando a manipulação psicológica, que é um tipo de influência social que objetiva mudar a percepção e/ou o comportamento por meio de estratégias que podem ser abusivas e enganosas.

> **#CAPTOU?**
> Você pode pensar em vários experimentos sociais para provar que o poder de influenciar existe em todos nós, mas, na maioria das vezes, somos influenciadores acidentais, sem que tenhamos premeditado ou procurado produzir determinado resultado.
>
> Se após presenciar um roubo de celular você passou a proteger melhor o seu, o ladrão influenciou você. Se após conversar com alguém com alface nos dentes você procurou um espelho para olhar os seus, essa pessoa o influenciou.

---

[5] Conversor de reais em Bitcoins: <https://cuex.com/pt/brl-btc>.

Leia o texto a seguir e tente descobrir quem é o influenciador:

> Um carro se aproxima e para perto de um grupo que conversa na esquina. O motorista pergunta:
>
> – Onde tem um posto de gasolina por aqui?
>
> Alguém do grupo responde:
>
> – Tem um subindo a rua, mas a gasolina de lá é batizada. Siga um pouco mais adiante que você vai encontrar o Posto Bom. Esse eu garanto.

Será que o motorista vai abastecer no posto mais próximo ou no tal Posto Bom? Não dá para saber, mas há boas chances de a escolha recair sobre o Posto Bom, em uma decisão baseada apenas na palavra de um desconhecido, sem qualquer comprovação. E quando a indicação parte de um conhecido, autoridade, celebridade ou influenciador digital, o poder de convencimento é ainda maior.

Isso está ocorrendo nas redes sociais. As empresas perceberam que não adianta propagandear ou divulgar o quanto seu produto é bom. As pessoas tendem a acreditar quando alguém de fora está falando, sem vínculo com a empresa, embora às vezes esse vínculo exista, sutil ou escamoteado.

> **SE LIGA #**
> A influência digital já está ocorrendo, e embora este livro trate da influência digital feita por pessoas, por influenciadores digitais, é importante que você saiba que algoritmos de computador já estão influenciando você e eu o tempo todo em que navegamos na internet.

Quando você pesquisa um produto, por exemplo, deve ter percebido que durante a navegação na internet anúncios do produto pesquisado ficam aparecendo em outras páginas que estiver visitando, como se fosse uma perseguição. Isso ocorre devido a uma imagem invisível que foi salva em seu computador ou smartphone, o pixel de conversão. Durante uma semana, mais ou menos, o produto pesquisado vai segui-lo para ver se você o compra.

A partir do trajeto registrado pelo GPS do celular, esses algoritmos registram seus passos e os lugares por onde passou e usam a inteligência artificial para registrar um diário sobre você. Com a chegada das câmeras e softwares de identificação facial, o nível de detalhamento desses registros será cada vez maior, usados como base para as estratégias de influência digital baseada em *bots*[6].

---

6 *Bot* é o diminutivo de *robot* (robô em inglês). Diz respeito a programas de computador que simulam a atividade humana. São cada vez mais usados nas redes sociais e têm causado apreensão por parte do Judiciário, por causa das suspeitas de estarem influenciando o mercado financeiro e as eleições. Boa parte das chamadas *fake news* (notícias falsas) são propagadas por *bots*.

2.1 A profissão de youtuber no Brasil

Profissão é um trabalho ou uma atividade especializada dentro da sociedade, geralmente exercida por um profissional. Se considerarmos que já existe um número significativo de pessoas exercendo a atividade de influenciador digital, podemos afirmar que ser um influenciador digital já se tornou profissão, sim.

Você sabia que youtuber é uma profissão? Pois é! Youtuber é aquele que cria vídeo e os divulga na plataforma do YouTube, com amplo alcance de seguidores e afins. Em 2018, foi criado um projeto de lei (PL nº 10.938) para regulamentar essa profissão, apresentado pelo deputado federal Eduardo da Fonte (PP-PE). Durante a fase de desenvolvimento deste livro, o projeto foi retirado pelo autor, mas ainda serve como referência de como deveriam ser as relações de trabalho do youtuber, e poderá ser usado como base para eventual contratação. Certamente, outros projetos de lei e novas leis virão, considerando que a Câmara dos Deputados e o Senado receberam diversos influenciadores digitais eleitos nas eleições de 2018. Até o presidente da República eleito teve boa parte dos votos atribuídos à influência digital.

SE #LIGA A íntegra do PL que tentou regularizar a profissão de youtuber está disponível no Anexo A deste livro.

A proposta do PL aborda várias formas de contratação dos youtubers, que podem ser admitidos por prazos determináveis ou indetermináveis; a jornada de trabalho não pode ser superior a 6 horas diárias e a 30 horas semanais (conforme art. 11), englobando todas as atividades, desde a gravação até o tempo necessário de preparação, incluídos os ensaios, as pesquisas etc.

A justificativa do projeto é que a profissão de youtuber, criada na contemporaneidade, é uma profissão em que se trabalha na maioria das vezes de forma autônoma ou exposto a contratos de trabalho sem nenhuma proteção de lei, sofrendo alguma discriminação e não estando assegurada, por isso a necessidade de haver uma lei específica para essa nova profissão, criada em 2005, com a grande repercussão do YouTube.

É importante frisar que esse PL não apenas tentou regulamentar a profissão de youtuber, como também procurou criar regras para o tipo de divulgação a ser veiculada, tendo em vista a influência desse profissional na formação de opinião, limitando a forma a ser abordada pelos youtubers, a fim de evitar transtornos e problema futuros com essa exposição. Assim, torna-se de extrema importância tanto a criação de uma lei quanto a forma em que profissão deve ser desenvolvida.

Não ignore esse movimento, a não ser que você não queria fazer parte dele. Se almeja uma mudança de profissão ou tem como objetivo preparar seus filhos para alguma das profissões do século XXI, a de influenciador digital é uma boa opção.

Os influenciadores pioneiros iniciaram suas atividades na virada do milênio. A maioria deles não tinha a pretensão de se profissionalizar ou não sabia que o *hobby* poderia se transformar em profissão.

Muitos pais, quando sabem que o filho quer criar um canal, encaram isso como uma brincadeira ou um modismo, ignorando o potencial de onde essa criança pode chegar em apenas alguns anos.

Você, que está começando agora, ainda consegue ser influenciador da segunda ou terceira geração. A competição hoje é maior, mas, por outro lado, você consegue muita informação útil e não comete os mesmos erros de quem começou sem orientação e errou várias vezes até aprender. Alguns desistiram e nunca saberão o que fizeram de errado para não crescer.

Você será capaz de alcançar em alguns poucos meses o resultado que alguns influenciadores pioneiros levaram anos para conseguir. Não só por causa da ajuda deste livro, mas porque já existe muita informação na internet e algumas agências dedicadas a desenvolver carreiras de influenciadores digitais. Você pode caminhar com as próprias pernas por uns tempos e depois pagar ou pedir ajuda para continuar a crescer.

Os influenciadores ocupam cada vez mais o espaço que antes era restrito a artistas e celebridades. Pessoas comuns de todas as partes do mundo, na maioria das vezes equipadas apenas com um smartphone mediano, sem qualquer preparação, estão conseguindo chamar a atenção das empresas de mídia e comunicação, além de aparecer em vários programas e comerciais.

Na edição de 2019 do *reality show O aprendiz*, exibido pela Rede Bandeirantes de Televisão e apresentado pelo empresário brasileiro Roberto Justus, os novos aprendizes são todos influenciadores digitais. Observe a Tabela 2.1.

Tabela 2.1 ▶ Perfil dos influenciadores participantes do programa *O Aprendiz*

INFLUENCIADOR	IDADE	SEGMENTO	YOUTUBE	FACEBOOK	INSTAGRAM
Alberto Solon (RJ)	57	Moda	87 mil	133 mil	146 mil
Alice Salazar (RS)	35	Beleza	2,3 milhões	1,3 milhão	1,6 milhão
Carlos Santana (MS)	22	Humor	2 milhões	1,7 milhão	2,4 milhões
Erasmo Viana (BA)	33	*Fitness* e saúde	–	–	1,2 milhão
Gabi Lopes (SP)	24	*Lifestyle*	279 mil	228 mil	2,1 milhões
Gabriel Gasparini (SP)	30	Gastronomia	–	–	123 mil
Julia Mendonça (RS)	32	Finanças	264 mil	10 mil	35 mil
Karla Amadori (SC)	31	Decoração "DIY"	1 milhão	320 mil	244 mil
Leo Bacci (SP)	31	Humor	637 mil	60 mil	205 mil
Lucas Stevam (SP)	28	Turismo	360 mil	35 mil	352 mil
Montalvão (GO)	31	Games	2,4 milhões	60 mil	97 mil
Nana Rude (RS)	26	Cultura Pop	–	69 mil	1,8 milhão
PC Siqueira (SP)	32	Cultura Pop e Tecnologia	2,4 milhões	1,2 milhão	893 mil
Ru Baricelli (SP)	27	Maternidade	180 mil	12 mil	128 mil
Taty Ferreira (MG)	31	Comportamento	1,6 milhão	1,2 milhão	150 mil

Fonte: adaptado de Falcheti (2019).

A Tabela 2.1 não representa o perfil do influenciador brasileiro, apenas revela o perfil definido pela produção do programa, com a faixa etária média de 30 anos e acima de 300 mil seguidores, somando todas as redes sociais de atuação. Quase todos eles iniciaram como influenciadores há menos de dez anos e levaram metade desse tempo para alcançar a audiência atual. A segmentação é variada e pode ser que você não conheça nenhum deles, mas milhares de pessoas, quiçá milhões, os conhecem e estão dispostos a seguir suas orientações.

Como ser influenciador digital

No Capítulo 3 detalharemos isso passo a passo. Por enquanto, o que você precisa conhecer são os elementos necessários para se tornar um influenciador digital:

- **Conteúdo:** você precisa ter uma mensagem. A mensagem guiará o conteúdo. Ela pode ser no formato de texto, imagem, fotografia, vídeo ou qualquer outra forma de comunicação em meio digital. Se você não tem uma mensagem no momento e não sabe o que vai produzir de conteúdo, não se preocupe, pois também veremos o assunto mais adiante. A mensagem ainda pode ser uma ideia e partir de uma segmentação.

- **Canal:** o canal não é necessariamente um canal de vídeo. O canal ao qual nos referimos é por onde o conteúdo será entregue – é o meio. Textos curtos podem se beneficiar do Twitter; textos maiores são mais indicados para blogs; vídeos vão para o YouTube ou Facebook. Vamos ajudar você a escolher o melhor canal para sua mensagem nos capítulos seguintes.

- **Seguidores:** não dá para ser influenciador sem seguidores. Você precisará das pessoas que serão influenciadas. Seu poder como influenciador está diretamente relacionado à quantidade e à qualidade dos seus seguidores. Um influenciador com apenas mil seguidores de alto poder aquisitivo, que fale sobre carros de luxo, tem tanto valor quanto um influenciador com meio milhão de seguidores das classes D e E.

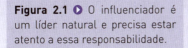

Figura 2.1 ▸ O influenciador é um líder natural e precisa estar atento a essa responsabilidade.

- **Visualizações**: para ser efetivamente influente, não basta apenas ter seguidores. Isso porque é possível comprar seguidores robôs (*bots*) e será possível perceber isso comparando o grande número de seguidores e um número baixo de comentários e interações. Você precisa que a sua mensagem seja vista e compartilhada e que isso apareça no número de visualizações.
- **Curtidas:** visualizar é apenas metade do caminho. Para você conquistar seu espaço como influenciador, você precisa, além da mensagem, do canal, dos seguidores e das visualizações, que as pessoas mostrem que o conteúdo é bom, clicando em *like*, curtida, kudo ou "joinha", de acordo com a rede social.
- **Compartilhamentos:** também não basta apenas curtir; é preciso compartilhar, provando que o conteúdo é tão bom (ou tão ruim) que merece ser replicado.
- **Repercussão:** se você conseguir compartilhamentos, pode considerar promissor seu futuro como influenciador digital. Mas para realmente se destacar e receber presentes e convites para participar de programas e comerciais, você precisa fazer com que a sua mensagem tenha repercussão. A repercussão pode aparecer na forma de comentários, bons ou ruins, e, o principal, repercussão fora da internet, na mídia tradicional. Conseguindo isso, pode contar com um acréscimo exponencial de milhares de seguidores, curtidas e visualizações de um dia para o outro, gerando um efeito cascata que vai refletir em todo o conteúdo e gerar o efeito abdução.

2.3
Influência midiática e social

Quando você consegue um bom número de seguidores, visualizações, curtidas, compartilhamentos e sua mensagem gera comentários e desperta a atenção da mídia tradicional, você passa a fazer parte do seleto grupo dos influenciadores com o poder da influência social e midiática.

A influência social é a capacidade de modificar diretamente o comportamento das pessoas com a sua mensagem, tornando-se uma influência midiática quando se considera o contexto do canal e mais a mensagem em propagação.

O que as redes sociais, o rádio, o jornal, a TV, os comerciais fazem conosco, nos influenciam midiaticamente; por meio da mídia, você se torna capaz de fazer também. E é nisto que reside o valor do influenciador digital. É neste ponto que você precisa chegar, de exercer a própria influência midiática e social.

O roteiro você já sabe: começa com a mensagem e vai até a repercussão. É depois da repercussão que surge a influência midiática.

2.4 Monetização

Muito provavelmente seu interesse é ganhar algum dinheiro como influenciador digital, mas como é uma profissão recente, em formação, não existe referência de salário. Cada rede social possui regras próprias de monetização, mas elas mudam de tempos em tempos e podem incluir pagamento pelo conteúdo e por propaganda embutida.

Quando escrevemos este livro, o YouTube pagava entre US$ 0,60 e US$ 5,00 para cada 1.000 visualizações. Isso quer dizer que, de acordo com o conteúdo do canal, para cada 100 mil visualizações, o valor a ser retirado vai oscilar entre US$ 60,00 e US$ 500,00 (o equivalente a R$ 210,00 a R$ 1.750,00 pela cotação de quando escrevemos o capítulo). A maioria recebe US$ 1,00 por mil.

A monetização pode ser direta ou indireta. A monetização direta é quando a rede social o remunera considerando os fatores já citados, da mensagem até a repercussão. Ela pode ser por tempo de vídeo assistido, pela exibição de propaganda dos patrocinadores e até pelo clique em anúncios. Já a monetização indireta é quando, por exemplo, você usa a rede social para promover seu negócio ou sua profissão e o dinheiro entra a partir da venda dos seus produtos ou dos serviços prestados.

Um advogado pode ter mais clientes com postagens que preveem punição para determinados tipos de propaganda, sem, no entanto, infringir o Código de Ética da Ordem dos Advogados do Brasil (OAB). Enquanto uma aluna de faculdade pode usar as redes sociais para promover a venda de bijuterias, bolos ou qualquer outra coisa para ajudar a custear os estudos.

A remuneração pode vir de várias formas e será muito maior se você se tornar influenciador digital.

Se a opção for pela monetização direta, com a rede social pagando para você, é bom que saiba que nas primeiras semanas ou meses você vai trabalhar de graça. A remuneração direta só ocorre a partir de certo número de seguidores e visualizações, pois ela está relacionada ao seu grau de influenciador, o que é determinado por categoria, curtidas e repercussão das suas mensagens.

Você precisa pensar na remuneração desde o início, para não passar pelo que muitos iniciantes passaram, e passam até hoje, de o conteúdo viralizar inesperadamente sem que a monetização estivesse ativada.

Como não existe remuneração pregressa, só a partir da ativação da monetização, o sucesso inesperado não resultará em monetização automática.

Um caso recente é o do "vovô do slime". Slime é uma moda recente entre as crianças, e o inusitado foi esse senhor se interessar pelo assunto, quebrando o paradigma das gerações. O slime é feito com uma mistura de ingredientes, formando uma espécie de pasta ou geleca colorida e decorada.

Se você não consegue entender como isso faz sucesso, é sinal de que se trata de uma referência distante da sua geração. E o que chamou a atenção foi justamente isso: um senhor de 70 anos se interessar por slime e gravar um vídeo bastante amador, mostrando como ele fez um. O resultado foram dois milhões de visualizações em uma semana. Considerando que o CPM (custo por mil visualizações) do YouTube fica entre US$ 0,60 e US$ 5,00, o vovô deixou de faturar aproximadamente R$ 8 mil com a brincadeira. Por esse motivo, precisamos pensar na forma de monetização desde o início, tendo em vista as possibilidades inesperadas de monetização.

A essa altura, você deve estar curioso para saber quanto faturam alguns dos principais canais do YouTube, certo? Existem diversas empresas que registram essas métricas, sendo a principal a SocialBlade[1], ativa desde 2008.

Tabela 2.2 ◐ Os dez maiores canais brasileiros[2]

POSIÇÃO (MARÇO/2019)	CANAL	VÍDEOS	ASSINANTES (EM MILHÕES)	FATURAMENTO MENSAL (ESTIMATIVA EM US$)	SEGMENTO
1º	Canal KondZilla	989	47,5	136,4 mil – 2,2 milhões	Música
2º	GR6 EXPLODE	2.765	22,2	106,5 mil – 1,7 milhão	Música

1 Disponível em: <https://socialblade.com/>. Acesso em: 18 abr. 2019.
2 Conheça os dez maiores youtubers do mundo em: <https://vidmonsters.com/blog/youtubers-famosos/>. Acesso em: 19 maio 2019.

POSIÇÃO (MARÇO/2019)	CANAL	VÍDEOS	ASSINANTES (EM MILHÕES)	FATURAMENTO MENSAL (ESTIMATIVA EM US$)	SEGMENTO
3º	Felipe Neto	1.631	31,2	65,1 mil – 1,0 milhão	Cultura pop
4º	Galinha Pintadinha	48	15,8	63,7 mil – 1,0 milhão	Infantil
5º	Maria Clara & JP	369	8,3	29,6 mil – 473,8 mil	Infantil
6º	Marília Mendonça	76	11,4	52,9 mil – 847,2 mil	Música
7º	Gusttavo Lima Oficial	245	6,5	48,5 mil – 776,4 mil	Música
8º	Zé Neto e Cristiano	113	8,5	46,8 mil – 749,1 mil	Música
9ª	Totoykids	752	13,3	47,0 mil – 751,6 mil	Infantil
10º	Você Sabia?	783	22,8	39,2 mil – 627,5 mil	Miscelânea

Fonte: SocialBlade (2019).

Analisando os dez maiores canais do YouTube, podemos perceber que:

- 5 são canais de artistas ligados à música;
- 3 são canais infantis;
- 1 trata de cultura pop;
- 1 aborda curiosidades (miscelânea).

O canal *Maria Clara & JP* é mantido por dois irmãos do Rio de Janeiro, a Maria Clara, 7 anos, e seu irmão JP, 10 anos. Estão apenas uma posição abaixo do canal *Galinha Pintadinha*, que é uma marca nacionalmente conhecida e certamente investiu bem mais que os irmãos. Esse comparativo corrobora nossa afirmação anterior de que o influenciador possui as mesmas chances de ser bem-sucedido que uma empresa estruturada com departamento de marketing.

Outro ponto a destacar é que o posicionamento no *ranking* não está relacionado à quantidade de vídeos, considerando que o *GR6 EXPLODE* tem 2.765 vídeos, mas está na segunda posição. Em primeiro lugar está o *Canal KondZilla*, com menos vídeos: 989.

O canal *Galinha Pintadinha*, por exemplo, tem apenas 48 vídeos, mas como são vídeos reproduzidos a exaustão pelas crianças, posicionou o canal em 4º lugar.

Quando você quiser saber a estimativa de receita de algum canal, basta consultá-lo no SocialBlade. A *influencer* Ru Baricelli, participante do *O aprendiz*, encontra-se atualmente na seguinte posição:

Tabela 2.3 ◗ Posição do canal da Ru Baricelli no SocialBlade

CANAL	VÍDEOS	ASSINANTES	FATURAMENTO MENSAL (ESTIMATIVA EM US$)	SOCIAL BLADE RANK
Ru Baricelli	382	190 mil	16 – 255	452.646º

Fonte: SocialBlade (2019).

Sugerimos que você pesquise as métricas do SocialBlade, incluindo as métricas do Facebook e do Instagram. Aprenda também sobre o Google Analytics, pois é conhecendo a preferência dos seus seguidores e do mercado que escolheu entrar que você conseguirá agradá-los e potencializar os valores da monetização.

A monetização direta do canal *Ru Baricelli* é quase insignificante se considerarmos 190 mil assinantes e uma receita não maior que R$ 1 mil por mês. Isso não a impediu de ser convidada para participar de *O Aprendiz* e, certamente, após essa participação esses números aumentaram.

Mais uma vez, reforçamos que a remuneração não é determinada apenas pela quantidade de vídeos ou pelo número de seguidores, mas por uma combinação de fatores que precisam ser trabalhados individualmente para gerar a necessária sinergia, que resulte no aumento da monetização.

Não se esqueça de que os exemplos apresentados representam um recorte da monetização direta de alguns canais. Contratos particulares, *merchandising*, vendas diretas, entre outros aspectos, não foram incluídos. Daremos outros exemplos de monetização nos capítulos específicos das redes sociais.

2.5
O alcance não determina o potencial de influência

Não pense que só consegue sucesso como influenciador quem tem milhares ou milhões de seguidores. Um jovem de qualquer pequena cidade só precisa de algumas centenas de seguidores locais para ter influência social o suficiente para derrubar um político ou interferir nas eleições municipais. Torne-se influenciador com o que tem e de onde você estiver. Com o tempo, se a cidade ficar pequena, não se preocupe, o mundo estará pronto para receber você.

2.5.1 Características desejadas no influenciador

Em nossa pesquisa, identificamos as características desejadas no influenciador. Reflita sobre esta lista e veja quais delas você já tem e quais ainda precisa desenvolver:

- **Autoaceitação:** para não se abater com as críticas e os ataques pessoais provenientes de *trolls* e *haters* (este tema será abordado no Capítulo 13).

- **Autoconfiança:** para acreditar que, se outras pessoas conseguiram, você também é capaz de ter uma carreira e fazer sucesso na arte de influenciar.

- **Carisma:** para atrair seguidores dispostos a assistir, curtir, compartilhar e comentar seus vídeos, *posts*, fotografias. A falta de carisma pode ser compensada com a decisão de não aparecer nos vídeos.

- **Comprometimento:** para continuar criando conteúdo, divulgando, aprendendo sobre as redes sociais, mesmo se nenhum resultado aparecer após semanas.

- **Coragem:** para expor imagem e ideias, sabendo que poderá ser atacado e, às vezes, caluniado sem muito o que possa fazer para impedir.

- **Criatividade:** para gerar conteúdo exclusivo que atraia seguidores e gere curtidas, comentários e compartilhamentos.

- **Disciplina:** para trabalhar o negócio e no negócio todos os dias, com postagens periódicas, pois essa é a única forma para o negócio evoluir.

- **Empatia:** para se colocar no lugar do consumidor de conteúdo e analisar se o que está entregando vai agregar valor à vida do outro e tornar o mundo um lugar melhor.

- **Ética:** no sentido de sempre citar as fontes do material pesquisado, não atacar seus colegas de profissão, ser honesto, ter respeito ao próximo, evitando as ofensas pessoais, mesmos quando o canal seja construído com o propósito de criticar.

- **Foco:** para se manter dentro de um propósito até atingi-lo, evitando dispersar sua atenção entre diversos projetos e redes sociais, sem dar tempo de nenhum se desenvolver o suficiente para prosperar.

- **Humildade:** para reconhecer eventuais erros, excessos, equívocos e se desculpar publicamente por eles.
- **Irreverência:** para criar canais ousados com uma pitada de *non sense*, um dos ingredientes que mais atraem seguidores.
- **Motivação:** para acordar todos os dias e continuar tentando, mesmo quando o material não recebeu curtidas nem novas inscrições de seguidores.
- **Organização:** para manter e cuidar do seu equipamento, local de trabalho, cenário, o que é obtido, tendo um lugar para cada coisa e mantendo cada uma em seu lugar, além de organizar o tempo e distribuir as tarefas na agenda do dia.
- **Paixão:** pelo que for fazer, sem a qual será muito difícil criar conteúdo digno de interesse ou se manter motivado para trabalhar.
- **Persistência:** para continuar estudando, testando, criando, tentando até conseguir chegar lá. Sem determinação, é improvável se tornar um influenciador de sucesso.
- **Resiliência:** para absorver o lado negativo da profissão, que pode se manifestar de diversas formas, como ataques pessoais nos comentários, invasão de privacidade, ser vítima de calúnia e difamação, perder a conta para invasores ou por descumprir as regras da plataforma. São muitas as possibilidades de algo dar errado, e é preciso ser resiliente para absorver, contornar e não se deixar abater por isso. O vovô do slime, tão logo fez sucesso, foi atacado na internet com falsas acusações. Em sua defesa, ele mesmo postou um vídeo e isso bastou para tranquilizar seus seguidores. Esse é um exemplo de risco ao qual você se expõe quando decide ser influenciador nas redes sociais e precisa ser resiliente para contornar e superar eventuais preocupações.
- **Senso de humor:** para tornar seu conteúdo agradável e de fácil assimilação, atraindo cada vez mais seguidores, curtidas, comentários e compartilhamentos.

VAMOS TREINAR?

É provável que você não reúna todas essas qualidades, mas vai precisar de algumas se quiser prosperar como influenciador. Uma boa ideia é listar quais você já acha que tem e quais acredita ser necessário desenvolver. Digite no computador, no celular ou escreva em uma folha de papel cada uma das características indicadas anteriormente e, ao lado, anote **tenho** ou **ainda não tenho**, conforme o caso. Não confie apenas nas suas impressões. Pergunte também a quem lhe conheça e escreva ao lado das suas **acham que tenho** ou **acham que não tenho**. Se você diz que tem senso de humor, mas a pessoa para a qual perguntou acha que não, talvez precise rever isso, certo?

2.6
A empresa é Você: bem-vindo ao mundo dos negócios

Nós sabemos que talvez tudo o que você queira fazer é se divertir ou começar nas redes sociais apenas para ver em que vai dar. Mas é importante que leve a sério o negócio e a profissão de influenciador digital. Cada vez mais pessoas estão entrando no jogo, e embora este seja provavelmente o único livro em língua portuguesa que mostra o "caminho das pedras", a tendência é que apareçam outros livros e cursos, incluindo especializações, técnicos, tecnológicos e bacharelados.

Existem vários livros escritos por influenciadores, mas infelizmente nenhum tem o caráter didático que adotamos, de mostrar o como fazer. Em geral, o que os influenciadores escrevem é sobre a vida pessoal, como conseguiram ter milhares de seguidores por um caminho sinuoso que só poderia ser percorrido por eles. Uma mistura de sorte e personalidade certa, na hora e no lugar certo. Optamos por apontar um caminho que não dependa da sorte e que qualquer um possa seguir.

Influenciador digital é um cargo que toda empresa deveria ter. Até um barzinho na esquina, se não ficar atento, pode aparecer no Google como mal avaliado e perder clientes sem que saiba o que está acontecendo. E não adianta investir em melhorias se as pessoas vão se basear no que leem na internet e sequer irão ao local conferir. Ou se frequentarem, tenderão a certa animosidade, armadas pelos comentários negativos que alguém escreveu e talvez só estejam lá por falta de melhor opção.

Muitas empresas ainda não se atentaram para essa realidade; quem está entrando no negócio começa sem orientação, por conta própria, lendo um texto aqui, outro ali, assistindo a alguns vídeos e tentando juntar o quebra-cabeças.

Não é o seu caso, porque este livro tem roteiros prontos para seguir, mas com a maioria será assim. Tentativa e erro, mais erros do que acertos, até conseguir resultados, às vezes acidentalmente, ou desistir, que é o que a maioria faz.

Considerando que você começará praticamente sozinho, com alguma ajuda deste livro, precisa pensar em uma marca. A marca é como você será conhecido pelo mercado, algo como "aquela atriz que faz comédia romântica" ou "aquele senhor que fez slime e viralizou".

O ideal da marca é que seja o nome do influenciador a remeter à lembrança, e não a atividade que ele realiza. Não queremos lembranças como: qual é mesmo nome daquele canal/site/blog/perfil do cara que ensina matemática usando tampa de garrafa?

A marca ideal é quando o nome (do influenciador ou do canal) é o suficiente para que as pessoas saibam do que se trata. E isso só vem com o tempo. Tomando como exemplo astros de Hollywood, Sylvester Stallone, Arnold Schwarzenegger e Bruce Willis estão marcados pela atuação em filmes de ação. Mesmo sem ler a sinopse ou assistir ao trailer, seus fãs já sabem que assistirão a um filme de ação, com muito tiro e pancadaria.

É desse tipo de marca que estamos falando, de qual será a expectativa das pessoas em relação a você. Que tipo de marca será evidenciada? Se você não definir sua marca, ela surgirá de qualquer jeito, porém sem nenhum controle e pode ser que não corresponda a como você gostaria de ser marcado.

Você precisa se tornar "Você S/A" e isso começa agora, gerenciando o que você posta nas redes sociais, o tipo de relacionamento que você exibe nas redes, seu posicionamento em relação a temas polêmicos, incluindo a política.

Esse cuidado precisa existir porque quanto mais você crescer como influenciador, mais as pessoas vão querer saber e pesquisar sobre você. E não vai pegar bem, por exemplo, se encontrarem mensagens antigas suas elogiando o partido político A e, alguns anos depois, você criar um perfil para criticar o mesmo partido, sem justificativa aparente para sua mudança de posição.

Pior é quando encontram mensagens de cunho racista, homofóbico, misógino ou qualquer outra que cause repulsa e polêmica. Tudo nas redes sociais é amplificado e pode ser apenas um *post* se posicionando contra (ou a favor) de alguma coisa. Se for algo que os *haters* e concorrentes acharem que podem usar para lhe prejudicar, vão pegar esse único *post* e compartilhar à exaustão, fazendo um estrago que você não tem ideia do tamanho.

Marcas podem ser destruídas em segundos, e a maioria sofre reveses por conta própria, pelo descuido com a manutenção da marca, da imagem pública. Da mesma forma que a marca é derrubada pela repetição incessante de um deslize, a consolidação dela se dá pela repetição incessante da mensagem.

A construção da marca começa com a escolha da missão: entreter, ensinar ou informar. A primeira relação que as pessoas precisam fazer é essa: se você é alguém do entretenimento, do ensino ou da informação. Dá para ensinar entretendo, mas um deve predominar. Como a intenção nesse exemplo é ensinar, a marca deve remeter ao ensino, o entretenimento entra depois: ensina de forma divertida (ou descontraída). E não diverte ensinando.

O segundo ponto para a definição da marca é decidir se o negócio será de um dono só ou de um grupo, se usará um nome fantasia ou o de uma organização. Por exemplo:

- A marca remete à pessoa: Xuxa Meneghel, Oprah Winfrey.
- A marca remete ao grupo: Clube dos Cinco, Grupo Escoteiro de Nilópolis.
- A marca remete a uma ideia: Porta da Frente, Bê-a-bá da Matemática.
- A marca remete ao nome da organização: Editora Érica, Escola de TI.

Se você optar pela marca remetendo ao seu nome, precisa definir um nome artístico, fácil de digitar nas buscas e que não remeta à dupla interpretação. Nomes com duplo sentido e conotação sexual devem ser descartados, a não ser que a intenção seja, de fato, o duplo sentido, a irreverência. Se a intenção for outra, esses nomes podem virar distrações, tornar impossível passar a mensagem com eles e afastar eventuais patrocinadores. A paródia, por sua vez, sempre é bem-vinda, como os casos de sucesso *Ana Maria Brogui*,[3] com mais de três milhões de seguidores no YouTube, e *Perez Hilton*[4].

O próximo passo é definir o que ficará marcado nesse nome. Como somos o que fazemos, sua marca percebida surgirá naturalmente a partir do que você fizer. Se for alguém que escreve ou fale sobre fotografia, vai ficar marcado como fotógrafo. Se for alguém que escreve ou fale sobre comida, vai ficar marcado como *chef*, cozinheiro, culinarista. E assim por diante. Para definir esse terceiro ponto, você reflete sobre o que você faz (ou pretende fazer) e naturalmente vai surgir a marca Você.

O quarto ponto é o viés da autoridade, mas falaremos sobre isso mais adiante.

Fonte: elaborado pelos autores.

Figura 2.2 ◗ Criação da marca Você.

2.6.1 Comece com o pé direito

Praticamente todos os influenciadores da primeira geração começaram aos trancos e barrancos. Não havia alguém para orientá-los e eles tiveram de trilhar o próprio caminho. Alguns desistiram, outros demoraram mais do que

---

3   Disponível em: <https://www.youtube.com/channel/UCh8qpZhEwzejZ55cajXimqQ>. Acesso em: 19 maio 2019.
4   Disponível em: <https://www.youtube.com/perezhilton>. Acesso em: 21 maio 2019.

o necessário para fazer sucesso e outros não receberam de retorno tudo o que poderiam ter recebido se tivessem começado da maneira correta, encarando o desafio como um futuro emprego, negócio ou profissão. Inclusive, ao analisarmos alguns canais de grande sucesso, conseguimos perceber erros básicos, como não definir uma URL para o canal, mantendo a URL padrão, que é algo como xptozxz. Você está em larga vantagem em relação a quem já começou, o suficiente para compensar o fato de ter iniciado depois.

2.6.2 Como tudo funciona

O mecanismo que rege o mundo dos influenciadores não é complicado nem difícil de entender, mas existe uma ordem lógica para que as coisas aconteçam e alguns cuidados que se deve ter. Na maioria das vezes que dá errado, não é por algum fator externo; é por culpa do próprio influenciador que não refletiu sobre onde estava se metendo.

Responda a estas perguntas: quantos YouTubes existem? E Facebooks? E Twitters? Apenas um de cada, concorda? E o que acontece se o seu perfil for banido desses locais? Já pensou nisso? Creio que não. É o tipo de coisa que a pessoa só dá conta depois que perde. E não pense que ter milhões de seguidores e visualizações é garantia de alguma coisa. O perfil da brasileira Mc Melody foi removido sob a acusação de que a cantora, uma menina de 12 anos, aparecia de maneira muito sensual em seus vídeos.

O youtuber estadunidense Logan Paul, conhecido por manter um canal de variedade (entretenimento) com 15 milhões de assinantes na época, teve a infeliz ideia de visitar a floresta Aokigahara, no Japão, um lugar em que as pessoas vão para cometer suicídio. Nesse vídeo, ele tentou se mostrar respeitoso, porém exibiu um corpo putrefato ao fundo – ou seja, de nada adiantou tentar ser respeitoso. Houve associação da marca do youtuber (entretenimento) com a mensagem (morte, suicídio) e, para piorar a má impressão, Logan usava um chapéu infantil cor verde-limão com orelhas e olhos grandes – receita para o desastre! Foi o suficiente para surgir uma avalanche de críticas e por pouco ele não perdeu o canal. Particularmente, acreditamos que não perdeu por ser um canal que rende alguns milhões para a conta do Google, bem diferente do caso da Mc Melody, que sofreu a intervenção do Ministério Público brasileiro, por se tratar de uma criança. Se você é pai/mãe e está lendo este livro para lançar um ou mais de seus filhos em redes em que predominam a imagem, como Instagram e YouTube, atente para a exposição desnecessária que possa remeter à sexualização infantil, pois esse tipo de denúncia ou de constatação tem levado ao fechamento de vários canais.

Você precisa se policiar o tempo todo e após definir a rota desejada – seja ensinar, divertir ou informar –, mantenha-se nela. Muita atenção para não fazer associações desastrosas como entretenimento e morte, comida e bulimia, criança e sensualidade e outras combinações que não dão certo.

Alguns canais aparentam não ter decidido entre diversão e informação. Alguns youtubers que mantêm canais de informação, análise de produtos ou ensino, por exemplo, insistem em fazer graça o tempo todo e enchem o vídeo de interrupções, criando uma experiência desagradável para quem acessou o canal com a intenção de saber sobre as vantagens de algum produto ou aprender o que o canal se propôs a ensinar.

Não há nada de errado em tornar a informação ou ensino divertido; o problema aparece quando a diversão extrapola a informação ou o ensino, que deveriam ser o foco. Quem quer rir vai procurar conteúdo humorístico, não informativo ou instrucional.

Para ser influenciador, você não precisa fazer nada de mirabolante, mas precisa ter, cultivar e proteger sua marca, evitar associação da marca com elementos estranhos ou negativos que possam causar aversão, e não se esquecer de que empresas como YouTube, Facebook, Twitter e outras só existe uma. Se você se "queimar", só voltará usando conta falsa ou se passando por outra pessoa, o que pode causar ainda mais problemas na hora de monetizar.

Fora isso, você só precisa se preocupar em obter seguidores, compartilhamentos, curtidas e comentários, de preferência positivos. Esses quatro elementos são mais importantes até do que o conteúdo, se considerarmos que o conteúdo é um meio para chegar a eles.

2.6.3 Seis etapas do negócio de influenciador digital

1. Produto

Sua vida como influenciador começa com um produto. Para sabermos se esse produto tem chances de monetizar, precisamos fazer uma pergunta: "O que eu tenho para oferecer tem potencial para alcançar um milhão de pessoas?".

Você consegue responder a essa pergunta procurando nas redes sociais alguém que tenha alcançado resultado igual ou maior. Se não existe nenhum fotógrafo com mais de um milhão de seguidores, talvez esse segmento não tenha potencial para atingir tantas pessoas. Mas considerando se tratar de um público especializado, se tiver 100 mil é o suficiente para interessar os fabricantes de equipamentos a fazer propostas para anunciar e patrocinar o canal.

Precisamos definir também o produto que você pretende oferecer, se são textos, imagens, fotografias, vídeos, áudios, músicas, um pouco de tudo (multimídia).

Exemplos de produtos:

- informação sobre alguma coisa (benefícios do chá da semente de sucupira);
- aula sobre algum assunto (como escrever um livro);
- entretenimento (esquetes, desafios, pegadinhas).

2. Marca

A marca você já viu como se constrói. É algo que precisa ser definido desde o início, pois todo o resto surge ao redor dela para reforçá-la. Evite contradizê-la você mesmo, como fez o Paul Logan na floresta japonesa.

> **VAMOS TREINAR?**
> O produto não é palpável, mas deve ser algo que as pessoas consigam imaginar. Como exercício, você pode visitar alguns dos canais que você conhece e tentar descobrir em poucos segundos qual produto eles "vendem". Qual é a promessa do canal? Informar, entreter ou ensinar? Em alguns blogs e canais, o produto é a opinião do autor.

Inicialmente, talvez você não tenha a menor ideia de qual é a sua marca. Não se preocupe com isso. A marca percebida aparecerá a partir do que você fizer. E como talvez você precise testar algumas coisas até descobrir seu rumo, não dê tanta importância à marca na fase inicial.

A título de ilustração, o lendário grupo Mamonas Assassinas pretendia ser um grupo sério. E assim foi no começo da carreira. O empresário do grupo, porém, percebeu que durante os ensaios os participantes eram bastante irreverentes, mas nas apresentações não. Ele, então, sugeriu que aquela irreverência fosse levada para os palcos e deu no que deu. Apesar da curta carreira da banda, interrompida por um acidente aéreo, são lembrados até hoje.

3. Conteúdo

O conteúdo pode ser na forma de texto, áudio, vídeo, imagem ou fotografia. A sugestão é que você desenvolva o tipo de conteúdo que seja mais familiar a você. Quem gosta de escrever e não quer aparecer, deve dar preferência aos canais em que o texto predomina, como Twitter e blogs. Músicos, bandas, locutores e quem mais se sentir mais confortável com o uso da voz, deve investir em conteúdo áudio, dando atenção especial à escolha do microfone. Aqueles que se sentem bem aparecendo em fotos, devem procurar influenciar por esse caminho. E os menos tímidos e os mais corajosos não devem dispensar o conteúdo em vídeo, embora criar conteúdo vídeo não implica necessariamente ter de aparecer.

4. Canal

O canal é definido pelo conteúdo. Se o produto é a opinião e o conteúdo são os textos, certamente não vamos selecionar o YouTube para estabelecer esse vínculo. Vamos optar pelo blog, Twitter ou Facebook. Se o produto são fotos da cidade em que você mora, o conteúdo é a fotografia; assim, o canal indicado pode ser o Instagram, o Tumblr ou o Facebook. É o conteúdo que sempre define o canal.

5. Mercado

O mercado é quem vai consumir seu produto, seu conteúdo. Na maioria das vezes, as pessoas definem o mercado a partir do próprio perfil. Se é um adolescente, o mercado-alvo é o de adolescentes. Se é uma mulher negra ativista, o mercado-alvo será majoritariamente a mulher negra. Existem boas chances de dar errado quando alguém na faixa dos 50 anos tenta se comunicar com o grupo na faixa dos 10 ou 20 anos. Como vimos no começo do livro, são gerações tecnologicamente muito distantes e o mais provável é que a comunicação não aconteça.

O mercado pode ser definido no planejamento ou autodefinido, que é quando liberamos o conteúdo no canal e vamos acompanhando as métricas para definir o perfil. Uma empresa pode acreditar, por exemplo, que seu mercado é formado majoritariamente por homens de até 60 anos, mas , ao analisar as métricas, percebe que a faixa etária é de no máximo 40 anos e há muitas mulheres também, cerca de 30%.

As métricas devem se tornar quase uma obsessão. Elas existem em todas as mídias sociais com informações preciosas que vão ajudar você a conhecer melhor quem está consumindo seu produto, seu conteúdo.

6. Propagação

A influência está diretamente relacionada à propagação da mensagem. Milhares de seguidores sem curtidas têm pouco valor, assim como milhares de seguidores, centenas de curtidas, mas poucos compartilhamentos. E, mesmo quando há compartilhamentos, é preciso ter comentários. Junte tudo isso e temos a propagação. Quanto maior for alcance da sua mensagem, mais gente comentará e compartilhará, e mais valioso você será na rede social.

> No Apêndice A, no final deste livro, você encontrará uma relação com diversas indicações de sites úteis e conteúdos livres de *royalties* que poderão ajudá-lo em sua jornada.

2.6.4 Gerar renda como influenciador

Não existe um parâmetro que determine qual remuneração você vai ter como influenciador digital. Como já deu para perceber, são muitas variáveis e são elas que definirão se e o quanto você vai receber. Na segunda parte deste livro, em que apresentamos os roteiros, vamos tratar melhor desse assunto.

2.6.5 A hora de vender o negócio

Existe um comércio promissor de canais e você pode entrar e se especializar nele. Consiste em cultivar canais até que eles alcancem certo número de seguidores para depois vendê-los. Para isso, o melhor é criar canais sem nome, apenas mantendo a rota desejada: informar, divertir ou ensinar. Canais podem ser vendidos a partir de mil seguidores, sendo mais valiosos quanto mais seguidores tiverem.

2.6.6 Não seja expulso do jogo, principalmente se estiver ganhando

Já tocamos no assunto e voltamos a falar: não seja expulso da rede social. Não existem dois YouTubes ou Facebooks. Conheça e respeite as regras de cada canal, e se decidir pela marca de combatedor, contestador, perseguidor, cuide-se para não ser processado também.

2.6.7 Efeito abdução

Inicialmente, a plataforma não dá qualquer ajuda além de alguns tutoriais, mas à medida que você se torna mais forte como influenciador, ela o verá com outros olhos e o ajudará a crescer. Chegar a cinco mil seguidores não é fácil, mas saltar de 20 mil para 50 mil é. Porque assim que o algoritmo da plataforma perceber seu potencial, seu conteúdo começará a ser promovido dentro dela.

O YouTube, por exemplo, tem o YouTube NextUp <https://www.youtube.com/intl/pt-BR/creators/nextup/>, que funciona como impulsionador de carreira para youtubers com mais de 10 mil seguidores. Os residentes no Rio de Janeiro também podem contar com o YouTube Space <https://www.youtube.com/intl/pt-BR/space/>, um espaço com estúdios profissionais e equipamentos de ponta para suas próprias produções. No mesmo local são ministrados cursos e workshops. Ao todo, existem apenas 10 YouTube Spaces no mundo. Para usá-lo, você precisa ter pelo menos 10 mil inscritos <https://www.youtube.com/intl/pt-BR/space/rio/unlock/>.

2.6.8 Reputação vale ouro, cuide bem dela

Tudo o que você tem na rede social é a sua marca e a sua reputação, e, portanto, precisa cuidar dela o tempo todo. Um famoso cantor de pagode, que fez muito sucesso na década de 1990, foi apresentador de TV e até conseguiu se eleger deputado. No entanto, acabou marcado por episódios de agressão à esposa. Outro exemplo é o caso do já falecido Michael Jackson, cuja marca "Rei do Pop" disputa espaço na mídia com as acusações de abuso infantil.

Uma situação recente de reputação manchada envolve uma pesquisadora brasileira, que supostamente teria entrado na universidade aos 14 anos e feito um pós-doutorado na conceituada Universidade de Harvard, nos Estados Unidos. As conquistas reais até que não são poucas: uma pessoa de origem humilde, que ingressou na Universidade de São Paulo (USP) aos 19 anos e concluiu a graduação, o mestrado e o doutorado. Mas essas conquistas acabaram ofuscadas após a constatação de mentiras relacionadas à idade, da data de ingresso na instituição e da falta de comprovação do vínculo com Harvard.

A reputação leva algum tempo para ser criada, mas pode ser destruída em poucos minutos nas redes sociais. Você começa como uma folha em branco e precisa se policiar o tempo todo para não escrever em sua biografia algo que não consiga comprovar ou de que vá se arrepender depois.

O influenciador é, acima de tudo, um profissional de comunicação, ou seja, um comunicador. E a comunicação precisa de meio e mensagem, sendo o meio a forma como a mensagem vai chegar até o consumidor e a mensagem, o produto que que será entregue.

Meio e mensagem são expressões criadas pelo filósofo canadense Marshall McLuhan para ajudar a explicar os fenômenos dos meios de comunicação e sua relação com a sociedade.

McLuhan, em sua obra *Os meios de comunicação como extensão do homem* (1969), preocupou-se em mostrar que o meio é um elemento importante da comunicação e não somente um canal de passagem ou um veículo de transmissão. *Grosso modo*, podemos dizer que meio é o canal, por onde a informação vai passar.

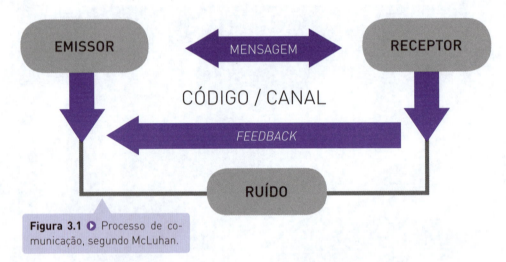

Figura 3.1 Processo de comunicação, segundo McLuhan.

Assim, temos canais (meios) para diferentes formatos de mensagem:

- Para mensagens do tipo texto, podemos usar, Twitter, blog, Tumblr, LinkedIn, Facebook, Guias Locais Google, entre outros.

- Para mensagens do tipo áudio – que pode ser música, audiopalestra, audiobook, programa de rádio, *podcast* (conteúdo em áudio, disponibilizado por meio de arquivo ou *streaming*) -, podemos usar blog, Tumblr, Facebook, YouTube, Spotify, iTunes, SoundCloud, entre outros.

- Para imagens – que podem ser fotografias, ilustrações, reproduções, arte digital, memes, infográficos -, podemos usar blogs, Tumblr, LinkedIn, Facebook, Instagram, Guias Locais Google, entre outros.

- Para vídeos de todo tipo, incluindo videoaulas, podemos usar YouTube, blog, Tumblr, Facebook, entre outros.

- Para conteúdo multimídia – quando temos texto, imagem, áudio e vídeo conforme a ocasião -, podemos usar blog, Tumblr, LinkedIn, Facebook, entre outros.

Essas sugestões são genéricas; detalharemos cada canal na parte dos roteiros. Videoaulas, por exemplo, e outros vídeos instrucionais, monetizam mais rápido em plataformas de educação a distância, como Udemy e Hotmart, não em redes sociais.

> #SE LIGA
> O Apêndice A, disponível no final desta obra, apresenta diversas indicações de sites (gratuitos e pagos) que poderão ajudá-lo na criação e edição de imagens, vídeos etc.

Livros no formato digital podem ser divulgados por meio de sinopses no Skoob ou amostras e edições gratuitas e pagas na Amazon. O Hotmart é outro canal de divulgação e distribuição de infoprodutos, como e-books, videoaulas etc., que podem ser usados para monetizar, em sinergia com o trabalho que é feito em paralelo nas redes sociais.

Raiam Santos[1] se tornou um *best-seller* e conseguiu uma editora interessada em publicá-lo partindo desta estratégia. Inicialmente, escreveu um guia com dicas de produtividade, com o título *Hackeando tudo: 90 hábitos para mudar o rumo de uma geração*[2], e distribuiu gratuitamente pela Amazon, na forma de e-book. O livro foi um sucesso e, alguns meses depois, o autor foi convidado por uma editora para publicar a versão impressa, passando a monetizar a versão digital.

Escritores podem testar suas histórias publicando trechos ou o material inteiro no Wattpad, um site que permite compartilhar histórias. Podem experimentar também o Recanto das Letras, Sweek, Entrecontos e seus congêneres em língua estrangeira.

Palestrantes, *coaches*, terapeutas motivacionais, além de tudo o que foi sugerido até agora, podem contar também com o recurso de seminários, transmissões ao vivo e palestras on-line, podendo realizar a transmissão ao vivo disponível no Facebook e YouTube ou organizar eventos virtuais. A Sympla[3], por exemplo, possui planos (pagos e gratuitos) para você realizar sua palestra, congresso ou seminário on-line.

O que estamos tentando demonstrar, e esperamos que você compreenda isso, é que não há mais limites para a criação. Texto, áudio, imagem,

---

1 Raiam Pinto dos Santos é um jovem escritor brasileiro, que, por conta de seu trabalho de divulgação dos livros nas redes sociais, foi o autor mais vendido na Amazon em 2016, na categoria Negócios. Ex-jogador de futebol americano, é formado em Economia, Relações Internacionais e Letras pela University of Pennsylvania. Hoje, Raiam atua como empresário, mentor e nômade digital.
2 A edição atual é da Editora Leya, publicada em 2016, com 176 páginas.
3 Disponível em: <http://www.sympla.com.br>. Acesso em: 10 maio 2019.

vídeo; uma obra de arte pode ser criada por qualquer pessoa disposta a fazê-la a um custo muito baixo ou sem qualquer custo. Usando o que tem, a partir de um computador comum, um smartphone básico ou algumas horas em uma *lan house*.

Evite o uso de muitos canais para propagar suas mensagens, porque a tendência é a dispersão e você acaba sem tempo e sem recursos para desenvolver bem todos os canais. É melhor ter três milhões de seguidores e visualizações em um único meio do que esse mesmo número somando os seguidores de todos os canais. E canal aqui não é o canal do YouTube; estamos nos referindo a canal como meio para levar a mensagem.

Caso se decida pelo uso de vários canais, você pode desenvolver um de cada vez ou trabalhar em sinergia. Para isso, é preciso conhecer o funcionamento das plataformas, porque você corre o risco de sabotar a si mesmo. Vídeos publicados no YouTube, caso apareçam no Facebook, perdem posicionamento. É quando 1 + 1 vai ser menor que 2.

3.1
Como influenciar da maneira correta

Já comentamos que os influenciadores pioneiros, não só no Brasil, começaram suas carreiras misturando a intuição, a experimentação e os testes que foram fazendo no percurso. Tiveram a vantagem de serem poucos e, na falta de coisa melhor, os seguidores só contavam com eles para se "alimentar".

No cenário atual não dá mais para testar até acertar. Ser influenciador é a nova "febre" entre as profissões para jovens e adolescentes. A concorrência é muito maior e a quantidade de informações sobre como começar só aumenta. Esperamos que nossa orientação facilite as coisas para você. Agora, lhe orientaremos sobre como influenciar corretamente, começando pela identificação da sua preferência por texto, imagem, áudio ou vídeo.

3.1.1 Como influenciar com texto

Se você gosta e é bom em escrever, pode se tornar influenciador a partir de textos. Os textos podem ser de cinco tipos, a saber:

- **Narrativo:** gênero geralmente usado para contar histórias fictícias.
- **Descritivo:** gênero geralmente usado para relatos, como relatórios de viagem e casos pessoais.
- **Dissertativo:** gênero argumentativo, para exposição de ideias e fundamentação. É o tipo de texto usado por filósofos e livres pensadores.

- **Expositivo:** gênero muito comum para relatar fatos e informações. Tem como características a impessoalidade e por isso é usado nas notícias jornalísticas.
- **Injuntivo:** gênero usado para instruções, manuais, receitas, tutoriais e bulas.

3.1.2 Como influenciar com áudio

O áudio muitas vezes é o texto narrado. Pode ser músicas, sons, efeitos sonoros, programas de rádio para a web, palestras, entrevistas, mixagens, *playlists* etc.

Existem várias formas de influenciar com áudio, e se você tem uma versão texto de algum assunto, pode pensar em transformá-la na versão áudio, criando uma sinergia. O áudio também pode ser usado no YouTube, sonorizando imagens paradas.

3.1.3 Como influenciar com imagem

"Uma imagem vale mais do que mil palavras" é uma frase velha e batida, mas com grande poder de influência. Principalmente em tempos em que proliferam as notícias falsas e manipulações, podemos dizer que uma imagem atualmente vale até mais do que mil palavras.

Em fevereiro de 2019, a diretora da versão brasileira de uma influente revista de moda comemorou seu aniversário de 50 anos em Salvador (BA), cidade em que é bastante comum contratar afrodescendentes em trajes típicos para receber convidados.

No aeroporto e nos principais pontos turísticos dessa cidade, é possível encontrar mulheres negras vestidas de baiana e vendendo acarajé, recebendo turistas e tirando fotos com eles, sejam elas pagas pelo próprio turista, por alguma empresa ou pelos órgãos de turismo do município ou do estado.

Esse recurso de usar personagens em pontos turísticos não é exclusividade da Bahia. Em Roma, na Itália, ao redor do Coliseu, os turistas encontram pessoas caracterizadas de centuriões, que chegam a cobrar até 30 euros para que as pessoas tirem fotos ao lado deles. Nas imediações do Kremlin, na capital russa, sósias do Lenin e do Stalin também posam para fotos com turistas. Ou seja, ter baianas caracterizadas em festas, recepções e pontos turísticos não é nada além de aproveitar a narrativa histórica do lugar.

Porém, assim que apareceu nas redes sociais a foto da *socialite* branca com duas mulheres negras ao seu lado, alguém sugeriu que o tema da festa era a escravidão e muitos influenciadores oportunistas aproveitaram essa narrativa para fazer crescer seus canais. A repercussão negativa fez

com que, na mesma semana, a diretora da revista pedisse demissão — ou foi obrigada a fazê-lo, segundo algumas fontes — e a revista manifestou interesse em rever a forma como retrata o povo negro, o que não deixa de ser bom.

O que não foi muito divulgado é que dezenas de profissionais que viviam de fazer figuração em festas foram dispensados. Empresas de eventos e particulares que tinham programado festas com recepcionistas caracterizadas como baianas, por precaução, desistiram de contratar para evitar repercussão parecida.

Não vamos tomar partido ou dizer para você quem tem razão. O que você precisa aprender com esse episódio é que uma imagem pode causar estrago na sua vida ou na vida de alguém.

O principal cartunista do site Charges.com, Maurício Ricardo[4], virou réu em um processo após ter publicado em seu perfil montagem com a foto de um youtuber famoso usando o bigodinho do Hitler. A justiça (e o inferno) está cheia de gente com boas intenções. Se você pretende fazer alguma paródia, retratar alguma situação histórica, aparecer pintado de preto (*black face*), reflita mais um pouco e peça a opinião das pessoas, evitando ser surpreendido por uma onda de repreensão por ter esbarrado em um tema sensível.

O poder da imagem é muito forte e se você tiver habilidade nessa área influenciará apenas usando imagens:

- arte digital;
- fotografias;
- memes;
- montagens;
- *cartoons*;
- ilustrações;
- mensagens;
- paródias.
- citações;
- infográficos;

Na conta do Instagram de uma empresa de varejo, o administrador da conta postou fotos de quadros industrializados com gravuras de flores e escreveu: "Lindos quadros de madeira feitos com sobras de caixão. Apenas R$ 19,99 cada". Foi um sucesso de curtidas, comentários e compartilhamentos. Só não dá para saber se venderam os tais quadros.

Se você gosta de fotografar ou é fotógrafo profissional, pode conquistar muitos clientes postando nas redes sociais amostras do seu trabalho. Se o que você faz pode ser vendido com os olhos, não perca a oportunidade de postar fotos nas redes sociais para conquistar clientes. Fotos de bolos, salgados, unhas decoradas, doces, *looks*, tranças, escovas, animais para doação, têm o poder de convencimento muito maior do que qualquer anúncio pago.

Se, de alguma forma, você pode usar imagens e ainda não fez, está perdendo a oportunidade de ampliar o alcance da sua influência social.

---

4   Disponível em: <https://youtu.be/w94j1awFMYY>. Acesso em: 21 maio 2019.

3.1.4 Como influenciar com vídeo

O vídeo, apesar de ser mais trabalhoso, é o meio de maior alcance entre todos os demais. Pense em qualquer coisa que você assista na TV e saiba que tudo pode ser reproduzido nas redes sociais. Está ao alcance do seu *mouse* e teclado ter seu próprio programa ou canal de TV.

As pessoas, principalmente os jovens, ficam muito apegados à criação do canal que possa transformá-los em uma celebridade e ignoram o imenso potencial que representa a possibilidade de ter um canal de vídeo, que pode concorrer com pouco ou nenhum investimento com várias produções da TV.

Na TV aberta, basicamente temos jornalismo, filmes, séries, *talk show* (programa de entrevista), *reality shows*, musicais, mesas redondas, documentários e programas de variedades. Todos esses programas podem ser reproduzidos em um canal do YouTube e, quem sabe, resultar em convites para levar os episódios para a TV aberta ou por assinatura. Também pode render convites para eventos, *merchandising* e para participar de outros programas de televisão, por exemplo.

Vários youtubers e blogueiros recebem convites e podem ser vistos em programas de várias emissoras.

A título de exemplo, vamos analisar um documentário sobre o mundo animal. Geralmente, são muito bem produzidos, gravados com câmeras de alta definição e recebem edição primorosa. Acontece que um smartphone intermediário e um software de edição gratuito são capazes de conseguir um resultado bem parecido e se o resultado for tosco, é ainda melhor. Muitas pessoas não estão em busca de vídeos iguais; elas querem o diferente, o inusitado, o *non sense*.

Identificar um cachorro de rua que apareça bem no vídeo e acompanhar a sua rotina, quem sabe até ligar para alguma ONG que recolhe e trata esses animais e registrar sua recuperação, tende a atrair mais a atenção do que um vídeo de leão na África correndo atrás de uma gazela – afinal, trata-se de uma narrativa que já conhecemos e sabemos onde vai dar.

Lembre-se de que o seu papel como influenciador é conseguir seguidores, curtidas, compartilhamentos e comentários. O conteúdo é um meio, não um fim. Não pense que ser influenciador diz respeito apenas a dizer aos outros o que fazer; é influenciar para as pessoas seguirem, curtirem, comentarem e compartilharem. É daí que virá o dinheiro, e esse vídeo do cachorro de rua tem potencial para isso. Empresas do segmento *pet* terão grande interesse em associar suas marcas a um vídeo tão emotivo, caso a repercussão comprove isso, lógico.

Criadores de conteúdo em vídeo precisam criar com propósito, pensando desde o início quais empresas teriam interesse em associar suas marcas ao conteúdo.

Canais opinativos costumam causar inveja nos iniciantes porque são youtubers com milhões de seguidores e visualizações. Esse grande poder de influenciar esconde o risco iminente de errar a mão e pôr tudo a perder. E foi isso o que aconteceu no final de fevereiro de 2019. Um youtuber bastante conhecido por atacar qualquer um que pudesse lhe render curtidas exagerou na dose e acabou perdendo a monetização do canal[5] sob a alegação de "propagação de ódio e *fake news*". Os milhões de visualizações com a previsão de alguns milhares de reais no bolso para os próximos meses sumiram.

Não sabemos por quanto tempo o canal será proibido de monetizar, mas pelo menos nos meses seguintes ao do bloqueio a receita do youtuber será igual a zero e isso não é nada bom. Imagine você ter uma receita de R$ 10 mil, R$ 20 mil, R$ 30 mil e de uma hora para outra essa renda desaparecer? Esperamos que o youtuber tenha outras fontes de renda, pois essa, por enquanto, não existe mais.

> **SE LIGA #**
> Não existe outro YouTube, outro Facebook, outro meio para monetizar gerando o mesmo resultado com o mesmo modelo de negócio. Depois que termina, acaba mesmo, principalmente se o youtuber for também a marca do canal.

3.2
O segredo da criatividade

Para produzir conteúdo original você precisa de criatividade, e criatividade não é algo assim tão mirabolante. Sabendo como funciona, você pode começar a ser criativo desde já.

Criatividade pode ser entendida como a atividade de criar, e criar em um mundo com tanta informação vem se tornando cada vez mais um desafio. A impressão que se tem é a de que tudo o que podia ser feito já foi feito, mas não é bem assim. Assim como a imaginação é virtualmente infinita, a criação também é.

Nossas escolas tendem a não privilegiar o pensamento criativo. As respostas precisam ser padronizadas e se o livro didático diz que o céu é azul (porque quando os raios de luz do sol entram na atmosfera terrestre, ocorre o

---

5 Saiba mais sobre o assunto em <https://www.revistaforum.com.br/youtube-desmonetiza-videos-de-nando-moura-por-propagacao-de-odio-e-fake-news/>. Acesso em: 20 abr. 2019.

fenômeno do espalhamento, que destaca a luz de cor azul), é essa resposta que se espera dos alunos.

Assim, chegamos à vida adulta usando roupas e acessórios que alguém criou, nos vestindo de forma mais ou menos padronizada, parecendo até uniforme em alguns casos. Veja o caso do terno, que se alguém aparecer usando um na cor verde ou laranja será considerado uma aberração.

Talvez você faça parte dessa imensa população de adultos que nunca se atreveu a criar, sempre usou o que os outros criaram ou reproduziu exatamente o que faz a maioria.

Vamos ensinar um pequeno truque, usado por todos os grandes mestres. A criação não surge do nada; ela surge da inspiração e a inspiração é o resultado da informação e dos modelos mentais, que é a base para o que se vai criar.

As obras do artista cearense Romero Britto[6] (1963-) fazem sucesso no mundo todo, mas há quem o acuse de fazer arte infantil, sob a alegação de ser muito parecida com os passatempos de pintar cada área de uma cor. Seria esta sua fonte de inspiração? Mas, e se realmente fosse? Qual seria o problema?

Outro exemplo é a arte de Athos Bulcão (1918-2008), artista carioca internacionalmente reconhecido, cujas obras apresentam padrões que se repetem. Será que não conseguiríamos fazer algo parecido posicionando ladrilhos de forma aleatória?

Figura 3.2 ▶ Exemplo de passatempo de pintar.

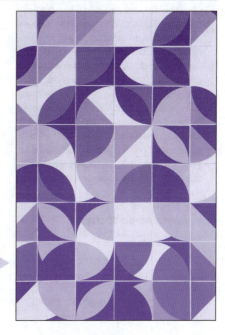

Figura 3.3 ▶ Painel de azulejos inspirado nas criações de Athos Bulcão.

---

6   Para conhecer as obras de Romero Britto, acesse seu site oficial: <https://britto.com/>. Acesso em: 21 maio 2019.

Por favor, não pense que estamos diminuindo a importância do trabalho desses artistas. De jeito nenhum! Romero Britto e Athos Bulcão são marcas muito valiosas e respeitadas nacional e internacionalmente. Nossa proposta é desmistificar a criação, demonstrando os padrões sobre os quais as artes desses artistas foram criadas. Ambos partiram de padrões simples e existentes para elaborar algo novo e de grande repercussão.

Mesmo sabendo como criar algo parecido, quem o fizer estará incorrendo em cópia (plágio) ou paródia, sem o mesmo valor da criação original. Nossa intenção é mostrar que a criatividade não é algo distante e que você também pode criar, e mesmo que comece copiando a ideia, para que ela tenha valor, precisa ser algo completamente novo.

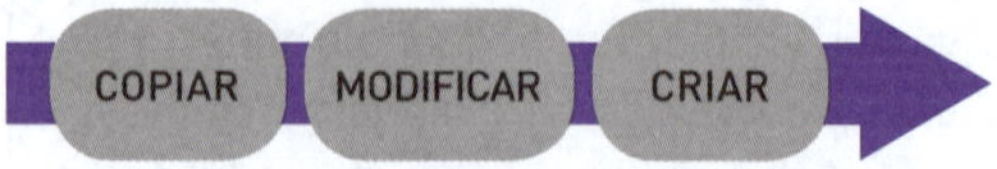

#VAMOS TREINAR?

Para quem está começando, sugerimos um percurso bastante simples: copiar, modificar e criar. Tome por base textos, imagens, obras de arte, vídeos, canais do YouTube... tudo o que for interessante e inovador pode e deve servir como base para que você encontre a sua inspiração.

#CAPTOU?

Deve-se ter cuidado – muito! – em relação ao plágio, que é a violação dos direitos autorais. Existem duas formas de usar a cópia em benefício próprio. Uma, é a cópia literal, que não será divulgada e será usada apenas para ver como funciona. Você pode "criar" algo exatamente igual ao de alguém que esteja obtendo sucesso, mas não deve divulgar sob pena da acusação de plágio. Dá para contornar isso através da paródia e da releitura. A paródia tende a ser cópia propositalmente piorada –, mas cuidado para não tornar a paródia ofensiva ao proprietário da ideia original –, e a releitura funciona como homenagem ou visão alternativa. Apesar dessas possibilidades de cópia sem infringir os direitos autorais, nossa sugestão de "copiar" tem mais a ver com a cópia da ideia para se chegar a algo novo, e quando sugerimos que você comece copiando literalmente, não é para publicar como se fosse criação sua. É para você entender o processo que levou até a criação do original.

COPIAR → MODIFICAR → CRIAR

Figura 3.4 ▶ Processo simples para ter criatividade.

Você começa copiando para aprender a técnica e ver como é o processo. Em um segundo momento, você experimenta fazer modificações, como amplificar, diminuir, mesclar, cortar, embaralhar, acrescentar, repetir, criar um padrão, inverter, desmembrar etc. Fazendo isso, você já se destaca em relação à obra original até o ponto em que você é capaz de criar algo, inspirado em alguma coisa, mas distante do que o inspirou.

Se você quer lançar um canal de culinária igual ao *Ana Maria Brogui* (3,3 milhões de inscritos), pode começar copiando exatamente o que o que o apresentador faz (sim, é um homem). Esse aprendizado o tornará capaz de entender o que precisa, o trabalho que dá, quanto tempo leva para gravar cada vídeo, como acertar o áudio, a iluminação, o cenário, e no processo você vai tendo as suas próprias ideias, para depois criar um conteúdo original ou um pouco menos com a cara de quem o inspirou.

Se você quer aprender rapidamente como ser mais criativo apenas faça isso: copie, modifique, crie.

4

A empresa de uma pessoa só

CARREGANDO...

Praticamente todos os que iniciaram como influenciadores na primeira geração tiveram de aprender todas as etapas da produção e executar a função de vários profissionais. Só depois do sucesso, com o dinheiro entrando nos bolsos, foi que esses pioneiros conseguiram se profissionalizar, e, hoje, alguns chegam a trabalhar com mais de vinte pessoas para manter seu canal.

É bem provável que você não queira ou não possa manter uma equipe de profissionais pagos antes de fazer sucesso. Assim, você também precisará começar como a equipe de uma pessoa só até poder distribuir funções e remunerar profissionais, algo que só vem com o tempo.

Isso não o impede, no entanto, de convidar parentes e amigos, sempre tomando o cuidado para não estabelecer uma relação trabalhista que poderá causar dor de cabeça e prejuízo financeiro depois. Consultar um advogado, caso queira contar com voluntários e colaboradores, é uma boa decisão.

Essa precaução também vale para parentes próximos, evitando casos como o de um primo que sempre colaborou voluntariamente com certo canal e, em dado momento, entrou na justiça com uma ação trabalhista contra o próprio primo, dono do canal.

> **#CAPTOU?**
> Para entender melhor o impacto negativo que o plágio pode acarretar à vida de um profissional, veja esses dois artigos. Em *Como o plágio pode destruir sua carreira e estudos* são apresentados dicas, exemplos e explicações para que você não cometa esse erro (disponível em: <http://bit.ly/2HGVYbK>). Já o artigo *Nora Roberts entra na Justiça contra escritora brasileira* conta a história da conceituada autora estadunidense que está processando a brasileira Cristiane Serruya por "multiplágio" (disponível em: <http://bit.ly/2M3nSnQ>).

Quem vai determinar a necessidade de uma equipe é você. Muitos blogueiros confessam sem o menor pudor que pagam entre R$ 200,00 e R$ 400,00 por mês pelos textos que publicam. Não é difícil encontrar escritores fantasmas (*ghost writers*[1], em inglês), pesquisando em sites de busca. O risco é ver o mesmo conteúdo publicado em vários lugares ou, ainda pior, se deparar com um escritor fantasma plagiador e acabar sendo acusado de plágio, como ocorreu com a escritora brasileira Cristiane Serruya, pouco conhecida no Brasil, mas que faz sucesso no exterior com romances em inglês publicados na Amazon. Após ser acusada de plágio, ela retirou o material da internet e confessou ter recorrido a um *ghost writer*, alegando que foi ele quem plagiou.

O ideal é que todo o conteúdo, pelo menos inicialmente, seja feito por você, deixando para terceirizar esse processo quando tiver condições para fazê-lo. Evite a todo o custo a tentação de copiar e colar artigos, colocando seu

---

[1] *Ghost writers* são escritores que aceitam obras por encomenda, mas não aparecem como autores, daí o nome escritor fantasma. Muitos famosos recorrem a esse profissional quando querem capitalizar em cima da imagem e lançar livros. Não é crime, embora seja eticamente questionável.

nome na autoria, porque os autores sempre estão de olho e essa atitude pode resultar em ações na justiça.

Durante a produção deste livro, teve repercussão nacional um caso envolvendo o padre-escritor-influenciador Marcelo Rossi e seu livro, *Ágape*. O padre incluiu no livro um texto equivocadamente atribuído a Madre Tereza de Calcutá. Ele não contava que havia uma senhora recolhendo textos de autoria desconhecida na internet e registrando-os como se fossem próprios, para posteriormente entrar na Justiça contra quem fizesse uso desse material.

Após ter conseguido em acordo extrajudicial R$ 25 mil da editora que publicou *Ágape*, a referida senhora entrou com uma nova ação, desta vez pedindo R$ 51 milhões. A polícia foi acionada e a trama foi descoberta. A suposta autoria era golpe. Até o suposto registro dos textos na Biblioteca Nacional era falso. Toda essa dor de cabeça e prejuízo financeiro por conta de uma página de texto que não faria nenhuma falta no livro.

Em sua escalada rumo ao sucesso como influenciador digital, é importante que você mantenha registro de todas as suas criações. Quanto mais pensarem que você está ganhando dinheiro, maiores são as chances de tentarem tirar proveito da situação. O amigo que sempre contribuiu com sugestões, e algumas foram aproveitadas, pode ajuizar pedindo participação nos lucros alegando cocriação. Um canal no YouTube não tem um texto que possa ser plagiado, mas se um colaborador alegar que contribuiu para a criação, existe um roteiro subentendido que pode dar a ele direito a um pedido de participação nos lucros, além de uma possível indenização.

Diante de tantos casos envolvendo traição na equipe, muitos preferem fazer tudo sozinho até poderem contratar profissionais que serão pagos em função do serviço prestado, de forma que não podem alegar participação que sugira cocriação. Isso é possível porque a equipe nem sempre é necessária e alguns canais de sucesso se resumem na figura do apresentador diante do celular, sem a necessidade de mais alguém para ajudar.

Da mesma forma, textos em blogs, redes sociais ou Twitter não necessitam de equipes, a não ser que o conteúdo exija pesquisa intensa, e é nisso que alguém pode ajudar.

> **#CAPTOU?**
>
> Existe o plágio voluntário e o plágio involuntário. O plágio voluntário é quando o autor copia trechos da obra alheia e o usa sem atribuir créditos ou declarando-se autor. O plágio involuntário é quando se faz uso de trechos da obra alheia atribuindo crédito a alguém quem não é o autor ou assumindo uma suposta autoria desconhecida. O caso envolvendo o padre Marcelo Rossi nos mostra que existem pessoas de má-fé, prontas para tentar tirar proveito do sucesso financeiro alheio, em todos os sentidos.
>
> Para evitar esses problemas, as instituições de ensino e as editoras contam com o apoio de softwares capazes de detectar plágio em poucos minutos. E de nada adianta mudar apenas algumas linhas – isso ainda é considerado plágio!

Vamos supor que você queira escrever um artigo comparando as características do novo smartphone com um de outra marca ou com o modelo anterior. Antes de escrever, é preciso pesquisar, e pode ser que com o tempo precise de alguém que faça isso por você.

Para evitar a necessidade de equipe inicial, tente aprender o máximo possível sobre o processo e tornar tudo bem simples. Nada de pensar em aberturas de vídeo hollywoodianas se nem o Windows Story Remix[2], o novo software de edição de fotos da Microsoft, você consegue usar.

É bastante comum o iniciante, devido à falta de conteúdo, tentar compensar com firulas na edição. Uma decisão que vai custar tempo e cujo resultado pode não ser o esperado. Na imaginação, tudo é fácil e funciona perfeitamente bem, incluindo fazer uma abertura parecida com a do leão mascote da Metro-Goldwyn-Mayer (MGM). Mas na prática não é bem assim, e algo que pareça simples de fazer, como filmar com a tela verde no fundo, pode se mostrar bastante trabalhoso até acertar a luz e a edição.

Qualquer que seja o seu projeto como influenciador, simplifique, simplifique e simplifique outra vez até não precisar de mais ninguém ou no máximo de uma pessoa para começar. Não se iluda com as edições sofisticadas de alguns canais. A maioria começou quase sem edição ou com uma edição tosca, e não foi por causa da edição que eles conseguiram sucesso; foi por causa do conteúdo.

Evite usar filtros de embelezamento (*beauty filters*), que têm se tornado cada vez mais populares. Alguns deles são muito bons e podem rejuvenescer uma pessoa em até mais de dez anos; eliminar marcas de expressão, manchas e imperfeições da pele; colocar ou remover cabelo, barba e bigode; fazer uma pessoa aparecer com quilos a mais ou a menos; simular músculos; e até mudar a cor da pele, dos olhos e do cabelo.

Não há nada de errado em querer ter a melhor aparência possível nos vídeos, mas se tornar dependente de filtros pode levar o influenciador a perder seguidores quando a aparência real for revelada ou questionar sua própria autoimagem – principalmente se houver uma diferença muito grande entre a aparência real e a aparência com a aplicação do filtro.

Isso ocorreu com uma blogueira chinesa, cujo 'segredo da beleza' foi descoberto durante uma transmissão ao vivo. De acordo com reportagem no site da BBC[3], "a blogueira, que se gabava de ter inicialmente mais de 100 mil seguidores na rede social chinesa Douyu, usava um filtro no rosto durante suas

---

[2] O Windows Story Remix é o substituto do Windows Movie Maker, que foi descontinuado no Windows 10 em janeiro de 2017, com o Live Essentials.

[3] Usar nota de rodapé: <https://www.bbc.com/portuguese/geral-49176154>.

aparições ao vivo, sendo reconhecida pelos fãs por sua "voz doce e calmante". Em uma das transmissões, os seguidores pediram para vê-la sem filtro e, como condição, ela impôs que fizessem doações próximas US$ 12 mil. Por azar, o filtro falhou durante a *live* e ela só percebeu quando as doações começaram a ser canceladas e centenas de seguidores começaram a abandonar o canal. Ainda de acordo com a BBC, "Nas redes sociais chinesas, mais de 600 milhões de pessoas visualizaram publicações que vinham acompanhadas de uma *hashtag* que pode ser traduzida como: "blogueira é vítima de falha que mostra sua cara de velha"."

Ainda é cedo para dizer se a blogueira conseguirá se reinventar depois dessa situação. Acreditamos que sim, pois as pessoas precisam de um pouco de fantasia e não vão se importar de continuar seguindo-a e fazendo doações. Até porque somos mais do que a aparência, porém, o ideal é não precisar se esconder atrás de filtros e crescer com a aparência que tiver. Se decidir usá-los, sugerimos que eivte exageros ou limite-se a uma maquiagem tradicional – esta, pelo menos, poderá ser reproduzida nas ruas.

A propósito, filtros de embelezamento são largamente utilizados no cinema e na TV com o objetivo de rejuvenescer atores e apresentadores e resolver um problema de exposição da pele negra.

Funciona da seguinte maneira: a lente da câmera tem um componente chamado diafragma, cujo funcionamento é igual ao da íris do olho humano, responsável por regular a entrada de luz na câmera. A captação das imagens se dá pela quantidade de luz que incide nas pessoas e nos objetos e o quanto de luz retorna refletido para o sensor da câmera. Sensores de qualidade conseguem aproveitar melhor a luz, sendo que a cor branca reflete o máximo e a cor preta reflete o mínimo de luz.

Se na mesma cena houver objetos ou pessoas de pele muito clara e/ou objetos ou pessoas de pele muito escura, se o diafragma for ajustado para enxergar detalhes no branco, vai perder detalhes no preto, e se for ajustado para enxergar detalhes no preto, vai perder detalhes no branco. A solução é fazer o ajuste pela média, sem privilegiar o branco ou o preto, e o resultado é mais perceptível no tom de pele das pessoas negras, pois elas aparecem amarronzadas. Experimente pesquisar por atores negros e compare fotos amadoras com imagens de frames (quadros do vídeo) das novelas, séries e filmes em que tiveram participação. Às vezes, esse recurso é usado para melhorar a aceitação de atores e candidatos negros junto a outros grupos étnicos, mas, na maioria das vezes, a tonalidade da pele negra se deve a essa necessidade de compensação do diafragma para que todas as cores e pessoas em uma cena apareçam por igual.

4.1
Próximo passo: ampliação da equipe – mas não precisa fazer isso agora!

Com o andar da carruagem, é possível que você sinta a necessidade de ampliar a sua equipe, deixando de ser apenas você e compartilhando as atividades com outros profissionais. Mas não se apresse, ok? Nesse primeiro momento, você é tudo o que você precisa.

A equipe pode incluir muita gente, sendo cada um ou cada grupo responsável por uma parte da produção. Saiba quem faz o quê e tente descobrir de quais profissionais você realmente precisa ou vai precisar:

- **Agente ou agência:** responsável por agenciar o influenciador, conseguindo espaço na mídia, contratos com patrocinadores, analisando as métricas do canal.
- **Apresentador, comediante, ator:** tanto pode ser você como alguém que você vai ajudar a crescer. Um filho, um animal de estimação ou alguém que o contrate para fazer isso. O influenciador talvez não seja você.
- **Assessoria de imprensa:** é função de um jornalista, que vai criar material de divulgação e fazer contato com a imprensa para colocar o influenciador na mídia. Moradores das grandes capitais levam vantagem, haja vista ser onde a maioria e os principais veículos de comunicação estão reunidos.
- **Atendente:** é o responsável por acompanhar as mensagens nos comentários. Precisa ser uma pessoa emocionalmente equilibrada, que evite discussões, nem responda com ofensas, mesmo os visitantes mais agressivos. É preciso também ter um bom domínio da língua portuguesa, para evitar passar uma imagem negativa e amadora, respondendo com erros de português.
- **Cabeleireiro:** será o responsável por criar e manter o *look* que corresponda ao esperado para a marca do canal.
- **Cenógrafo:** responsável por montar o cenário que o influenciador vai usar para aparecer, evitando situações constrangedoras como o de uma famosa atriz que se descuidou e deixou aparecer um objeto sexual, ao fundo, durante uma de suas transmissões.
- **Consultor jurídico:** responsável pela análise do conteúdo e das regras do canal, que costumam ser mais infringidas por desconhecimento do que por intenção deliberada.

- **Contador:** responsável por determinar a melhor forma jurídica para receber a monetização do canal, evitando impostos desnecessários ou ser chamado pela Receita Federal para se explicar.
- **Continuísta:** responsável por garantir a continuidade dos vídeos, para que o visitante consiga identificar os vídeos do canal com facilidade, apenas olhando a miniatura ou a foto do perfil. O continuísta é responsável também por garantir que um vídeo ou link citado realmente esteja disponível para as pessoas. Além disso, nem todo vídeo é gravado no mesmo dia. Quando isso ocorre, o continuísta tem por função garantir que, na edição final, ninguém perceba isso. No filme *Uma linda mulher*, na cena em que a atriz Julia Roberts devora uma panqueca com as mãos, podemos ver um erro de continuidade, pois a panqueca aparece primeiro com três mordidas, depois só aparece com uma.
- **Contrarregra:** antes, durante e depois da filmagem, é o encarregado de providenciar tudo o que for necessário e foi previsto no roteiro da produção.

Figura 4.1 Com o sucesso, a tendência é você precisar ampliar a equipe e passar a delegar funções.

- **Diretor:** responsável por executar o roteiro e pode contar com um ou mais assistentes de direção.
- **Diretor de fotografia:** responsável pela estética do vídeo, a seleção de cores, temperatura da luz e tudo o mais que contribua para reforçar a imagem que se propôs passar. Tire algum tempo para assistir a um capítulo de novela e observe o trabalho do cenógrafo, que cuidou para que tudo o que você vê em cena faça sentido, e do diretor de fotografia, que harmonizou as cores de tal forma que se a cor dominante for o marrom, por exemplo, tudo o que estiver em cena combinará com essa cor, inclusive o vestuário e os acessórios dos atores.
- **Editor gráfico:** responsável pela comunicação visual do influenciador, criando a arte para o canal, programação visual do perfil, diagramação de textos, infográficos e tudo o mais relacionado a imagens.
- **Eletricista:** responsável pela parte elétrica, evitando sobrecarregar tomadas, adotando precauções contra acidentes, protegendo canos estendidos e até socorrendo alguém em caso de eletrocussão. Produções maiores incluem um ou mais bombeiros para essa função.
- **Figurinista:** responsável por escolher a roupa e os acessórios que o influenciador vai usar. Não podendo pagar por um figurinista, você pode assistir a alguns capítulos de uma novela que se passa nos dias atuais e tentar copiar o modo de vestir do personagem que se pareça com você. Nada do que aparece nas novelas está ali por acaso; cada personagem passou pelas mãos de um figurinista. Essa dica vale para qualquer pessoa, pois nas novelas conseguimos encontrar personagens de todos os tipos físicos.
- **Iluminador:** responsável por definir, posicionar e garantir que a iluminação da cena contribua para reforçar a mensagem que se pretende passar.
- **Maquiador:** responsável por realçar a beleza natural do influenciador e eventualmente disfarçar imperfeições.
- **Montador:** responsável pela edição de áudio e vídeo e também pelos efeitos e pela computação gráfica, quando houver. O montador é um editor de áudio, vídeo e CGI[4].
- **Operador de câmera:** é o responsável pelo enquadramento e pela captura da imagem e do áudio do apresentador do canal. Pode contar com um ou mais assistentes de câmera.
- **Produtor executivo:** é o responsável por cuidar de tudo o que envolve a produção, principalmente no que diz respeito ao custo e ao destino do dinheiro. Pode contar com um ou mais assistentes de produção.

---

[4] A sigla CGI (*Computer-Generated Imagery*) significa imagens geradas por computador. Ela corresponde a qualquer imagem ou animação que não foi gravada por uma câmera. Animações em CGI são construídas e desenhadas diretamente no computador.

- **Programador:** pode ser necessário para criar *apps*, *scripts*, bots, que ajudem na parte do atendimento e na divulgação do canal.
- **Publicitário:** é o responsável por monetizar o canal por meio de anúncios, propagandas e *merchandising*. O publicitário também cuida da divulgação do canal e pode ser terceirizado, quando contratamos uma agência.
- **Redator:** responsável pelo roteiro, falas, títulos e todos os textos que comporão a mensagem, na forma oral, visual ou escrita. Pode contar com revisor, roteirista e pesquisador, formando uma equipe ou núcleo responsável pelo conteúdo. O influenciador chega para trabalhar e é informado sobre o conteúdo que tem para o dia.
- **Repórter:** dependendo do canal, será o responsável por criar matéria, consultar fontes, fazer pesquisa investigativa ou documental que depois suprirá o canal.
- **Técnico de som:** responsável pela seleção, pelo posicionamento e pela operação do microfone e demais equipamentos de captação de áudio. É mais fácil tolerar imagem ruim do que áudio ruim. O influenciador precisa estar atento a isso, e um bom microfone ou smartphone com redutor de ruído não é luxo, é investimento. Se for o caso, pode haver necessidade de um sonoplasta, para criar efeitos sonoros especiais.
- **Técnico em informática:** responsável pela instalação de programas e pela manutenção dos computadores usados na edição do material bruto. Deve incluir os serviços de um técnico em segurança da informação, que ficará responsável pelas ações que previnam ataques e sequestro do site, blog, perfil ou canal.
- **Web designer:** responsável pelo site ou blog e que, de preferência, seja também um webmaster, para saber como hospedar sites e gerenciar domínios na internet.

Não se assuste nem pense que vai precisar de toda essa gente. Por enquanto, você só precisa saber que elas existem e com o tempo decidir quais podem ajudar você a chegar lá. Para os primeiros passos, o mais provável é que essas funções sejam realizadas apenas por você ou por alguém próximo.

Um pai pode ser o operador de câmera, diretor de fotografia, cenógrafo, contrarregra, eletricista e assumir várias outras funções, tudo para a filha ou o filho brilhar.

PRÁTICA

PARTE 2

5 Como começar

Em nossos atendimentos de preparação de youtubers, constatamos que as principais dúvidas não estão relacionadas à criação de conta ou ao uso de alguma plataforma. Todas são bastante intuitivas e permitem que, em poucos minutos, qualquer pessoa consiga criar uma conta e começar a publicar. A maior dúvida dos nossos assessorados é como começar **como influenciador digital**, pois a maioria já postava em alguma rede social, porém com resultados pouco expressivos.

Figura 5.1 Antes de dar o primeiro passo como influenciador, é preciso planejar, saber onde quer chegar e quando e como vai fazer para chegar lá.

Para auxiliá-los, e agora auxiliar você, nosso leitor, criamos o seguinte planejamento estratégico, que, ao ser seguido, será capaz de potencializar e acelerar seus resultados.

5.1 META

A primeira medida do influenciador é ter uma meta. E como se trata de influenciador, a meta é ter seguidores. Alguns números são mágicos, como:

Tabela 5.1 Definição das primeiras metas

REDE SOCIAL	META INICIAL SUGERIDA
Facebook	5.000 seguidores
Guias Locais Google	Ter a primeira estrela, o que equivale ao Nível 4, com 250 pontos

REDE SOCIAL	META INICIAL SUGERIDA
Instagram	1.000 seguidores
LinkedIn	500+1 seguidores
Twitter	1.000 seguidores
Udemy[1]	100 alunos pagantes
YouTube	100 seguidores para personalizar o nome do canal, depois 1.000 seguidores

Fonte: elaborado pelos autores.

A meta precisa ser alcançada entre 30 e 60 dias. Se passar disso, é um indicativo de que a estratégia não está funcionando. É preciso repensar o planejamento e tentar de novo, usando uma estratégia diferente.

Igualmente importante é não iniciar como influenciador em várias redes sociais simultaneamente. Não pense que o resultado será melhor, pois a prática já demonstrou que a dispersão de recursos faz com que uma rede prejudique a outra.

Se a ideia é influenciar em mais de uma rede, comece por uma e depois vá para outra.

> #SELIGA
> O que nos interessa é o crescimento orgânico e não o impulsionado. O crescimento orgânico é o crescimento natural do negócio. Já o impulsionado é pago, artificial. Devemos evitá-lo no começo porque precisamos ter certeza de que o negócio está crescendo naturalmente, devido à combinação de forma e conteúdo e não porque alguém foi pago ou induzido a curtir e a compartilhar qualquer coisa. Além disso, se a empresa que mantém a rede social identificar que você impulsiona conteúdo, ela vai reduzir o alcance do seu conteúdo não pago (o orgânico). Não use impulsionamento no começo nem com a finalidade de testar.

5.2 Organograma

Com a meta definida, o próximo passo é montar a equipe, criar um organograma, definindo quem faz o quê. Mesmo que você comece como o único funcionário do negócio, fazendo de tudo, é importante delimitar funções porque quando o negócio começar a crescer será rápido. Se não começar já com tudo planejado, você corre o risco de se atrapalhar.

---

1 Apesar de a Udemy não ser uma rede social, e sim uma plataforma de treinamento on-line, influenciadores do segmento instrucional podem publicar conteúdos introdutórios no YouTube como isca para os cursos pagos na Udemy.

5.3 Projeto

Em seguida, você precisa de um projeto, e caso as informações anteriores não tenham ficado claras em um primeiro momento, aproveite agora para usar os 10 passos a seguir e criar um projeto.

5.3.1 Como se tornar influenciador em 10 passos simples

Leia cada passo com lápis e papel na mão e faça as anotações necessárias. No final, você terá um plano montado, pronto para ser colocado em prática.

Figura 5.2 ▶ Dez passos para aprender a ser um influenciador.

Passo 1 – A autoridade

Você precisa separar você do negócio, mesmo que você seja o negócio. Explicando de outro jeito, existe um Marco Aurélio Thompson que aparece nas redes sociais como influenciador e um Marco Aurélio Thompson real. Não são a mesma pessoa, embora ocupem o mesmo corpo.

O seu Eu influenciador precisa nascer. Ele até pode ser muito parecido com você, mas não dá para misturar as coisas. Ele é ele, você é você. Agora que você já sabe que está para nascer o influenciador, vamos falar do viés da autoridade. A autoridade é **Quem?**, e ela começa a surgir com a definição da pessoa. Escolha uma dessas opções, ou seja, "Quem é Você (influenciador)?":

- empresa;
- evento;
- governo;
- grupo;
- ideia;
- marca;
- negócio;
- objeto;
- paródia;
- personagem;
- pessoa;
- pet;
- produto.

Não prossiga com a leitura sem compreender isso. É neste momento que vai surgir o influenciador que pode ser governamental, empresarial, pessoal, impessoal ou grupal. Se você tem um pequeno negócio e quer torná-lo conhecido, a autoridade é o negócio. Se o nome for "Rei das Coxinhas", a autoridade é o nome do negócio: Rei das Coxinhas.

Se você tem uma marca e quer torná-la conhecida, a autoridade é a marca. Se o nome for Loy, a autoridade é a marca Loy.

Se você pretende parodiar algum famoso, a exemplo do que fez o youtuber Ana Maria Brogui, a autoridade é o personagem.

Se você tem um animal de estimação com potencial de fazer sucesso nas redes sociais, a autoridade é o pet.

Essa informação pode parecer confusa em um primeiro momento, pois como ser você sem ser você? Talvez o conceito fique mais claro no decorrer do planejamento ou quando você colocar o plano em prática.

Alguns dos youtubers que assessoramos só descobriram essa diferença entre o Eu pessoal e o Eu influenciador tempos depois; quando perceberam que não conseguiam ser a mesma pessoa o tempo todo.

Pode-se optar pelo viés da autoridade usando o próprio nome e aparecer como é em seu

> **#CAPTOU?**
> Durante a produção deste livro causou comoção nas redes sociais a declaração do youtuber Whindersson Nunes sobre supostamente estar em depressão. Esse é um grande mal da sociedade moderna e uma das causas é o desequilíbrio entre ser, ter, fazer, saber e experimentar. É preciso ter em mente que o influenciador está bastante suscetível a questões como depressão e ansiedade, devido ao alto grau de exposição nas redes sociais e ao reduzido controle que tem sobre a repercussão das suas postagens.

dia a dia, porém, com o tempo se tornará insustentável até você perceber que existem duas pessoas: você e o influenciador.

Se você já definiu **quem é** a autoridade, agora precisa descrever **por quê** é autoridade. Teoricamente, homens são autoridades naturais quando se trata de assuntos masculinos e mulheres são autoridades naturais quando se trata de assuntos femininos, embora não seja uma matemática exata e possa fazer torcer o nariz dos ativistas que tentam abolir a ideia de gênero.

COMO COMEÇAR

Profissionais são autoridade por serem profissionais: pedreiros, fotógrafos, médicos, cabeleireiros etc. são autoridades naturais em suas respectivas áreas de atuação.

Há também a autoridade do cargo, como políticos, policiais, militares, reitores, embaixadores, sacerdotes e qualquer outro cargo ocupado pela pessoa que a torna autoridade em função do cargo.

Podemos citar outras formas de autoridade, como:

- **Autoridade acadêmica:** todos os concluintes de cursos de graduação, especialização, mestrado ou doutorado têm autoridade em sua área de formação.
- **Autoridade autoral:** alguém que tenha obra realizada, podendo ser livro, música, filme, obra de arte, tem autoridade para falar sobre o assunto, o processo criativo e o produto da realização.
- **Autoridade comportamental:** alguém com um estilo de vida desejável tem autoridade para falar sobre esse *lifestyle*.
- **Autoridade conteudista:** alguém que durante vários anos publicou conteúdo sobre determinado assunto, aos olhos da sociedade é autoridade no assunto.
- **Autoridade da faixa etária:** as pessoas têm autoridade para tratar dos assuntos relacionados à sua faixa etária.
- **Autoridade de influência:** alguém com milhares de seguidores tem autoridade para falar sobre qualquer assunto que seus seguidores estejam dispostos a ouvir. Quando a mensagem se torna muito distante daquela que inicialmente atraiu os seguidores, o influenciador perde milhares deles em poucas horas.
- **Autoridade devido à experiência:** alguém que durante muitos anos faz uma coisa tem autoridade para falar sobre o assunto, mesmo quando não tem formação na área.
- **Autoridade do talento:** alguém com talento excepcional em alguma coisa tem autoridade para falar sobre esse talento e tudo o mais que o envolve.
- **Autoridade midiática:** alguém que ganhou fama imediata tem autoridade midiática e vai se deparar com milhares ou milhões de pessoas dispostas a ouvi-la sobre qualquer assunto.
- **Autoridade por força de realizações:** alguém que ficou rico vendendo água na praia, por exemplo, tem autoridade para falar sobre essa realização.

- **Autoridade por superação:** alguém que conseguiu emagrecer 20, 30, 40 ou mais quilos tem autoridade para falar sobre essa experiência de superação.

Agora que você já sabe o quem e o por quê da autoridade, vamos ao próximo passo.

Passo 2 – A grande promessa

A autoridade precisa fazer uma grande promessa. Essa "grande promessa" nada mais é que decidir entre entretenimento, informação e instrução (já falamos brevemente sobre isso, lembra?). Nesse momento, a autoridade define a estratégia que pretende seguir. Exemplos:

- **Entretenimento:** canais de humor, lazer, diversão, música, moda etc.
- **Informação:** canais informativos, reviews, fofocas, notícias etc.
- **Instrução:** canais de videoaulas, faça você mesmo, culinária etc.

Alguns dos nossos clientes questionaram se não seria possível unir informação e entretenimento ou instrucional e entretenimento. É possível sim, desde que você decida qual é o objetivo principal e encontre um formato que não confunda as pessoas a respeito do que você tem a oferecer. Se a grande promessa for a informação, é preciso manter o foco para não confundir os seguidores, misturando duas promessas para, no fim, nenhuma ser cumprida.

Se a ideia é fazer rir ou passar o tempo das pessoas, assuma que a grande promessa é essa e não se desvie. Misturar promessas é o erro mais comum dos principiantes e uma das causas da demora no crescimento ou na estagnação do canal.

Assista a vídeos de *reviews*, nos quais, na maior parte do tempo, o apresentador faz gracinhas e veja quantas descurtidas ele recebeu.

Agora que a **Autoridade** já fez a **Grande Promessa**, vamos para a segmentação.

Passo 3 – A segmentação

A segmentação diz respeito às categorias em que você poderá influenciar. Lembre-se de que você está se tornando influenciador para viver disso, então pense em uma categoria que seja familiar a você e de um setor que vai ter interesse e dinheiro para pagá-lo, como:

- animais;
- artes;
- artesanato;
- automóveis e veículos;
- ciência e tecnologia;
- colecionismo;

- comédia;
- culinária;
- educação;
- entretenimento;
- entretenimento para a família;
- esportes;
- eventos;
- filmes e animação;
- instruções e estilo;
- livros;
- lugares;
- moda e beleza;
- música;
- notícias e política;
- pessoas e blogs;
- ativismo;
- viagens e eventos;
- videogames.

Figura 5.3 ▶ A segmentação é um dos principais elementos componentes de um bom planejamento.

Passo 4 – A identidade

A identidade é definida pela percepção que o público terá a respeito do influenciador, mais as marcas de identificação que o torne único. A construção da identidade se faz o tempo todo, e aproveitamos para alertar que a construção da identidade é lenta, mas a desconstrução pode ser bem rápida. Basta um pequeno deslize para tudo ir por água abaixo.

A identidade consiste em:

- nome;
- *slogan* (opcional);
- cores;
- símbolos;
- tipologia;
- grande promessa;
- mensagem final (o que está entregando: segmentação e produto).

O que for definido como identidade deve aparecer em todas as redes sociais, de forma que o público saiba do que e de quem se trata nos primeiros segundos que olhar. Além disso, a identidade precisa ser construída sobre base sólida; não assuma riscos desnecessários.

Passo 5 – O produto

O produto do influenciador pode ser:

- **Texto:** *post*, texto, artigo, e-book, imagem com texto etc.
- **Imagem:** fotografia, infográfico, gif animado, meme, desenho etc.
- **Áudio:** mensagem de voz, música, *podcast*, programa de rádio, *playlist* etc.
- **Vídeo:** de qualquer tipo.
- **Arquivo:** doc, ppt, xls, pdf etc.

Passo 6 – O mercado

O mercado é o consumidor do seu produto. Você pode defini-lo *a priori* ou *a posteriori*. A *priori*, você define o público-alvo a partir de pesquisas ou da intuição e cria o conteúdo para ele. *A posteriori*, você desenvolve o conteúdo sem preocupação com o mercado, e com o tempo vai descobrindo quem é atraído pelo conteúdo. Quanto mais você conhecer o mercado, mais fácil será encontrá-lo para formar sua primeira base de seguidores. Se a ideia é trabalhar

---

#SE LIGA

Durante a finalização deste livro, um caso envolvendo desconstrução de marca pessoal abalou o Brasil. A professora de escola técnica Joana Félix, graduada em Química e com mestrado e doutorado pela USP, despertou a atenção da mídia por ser negra, de origem humilde e por ter feito um pós-doutorado em Harvard, uma das universidades mais prestigiadas do mundo. O anúncio de que seria feito um filme sobre sua vida lhe rendeu um sem número de entrevistas e, em uma delas, ao jornal *O Estado de S.Paulo*, o repórter desconfiou de uma inconsistência na declaração da idade. Entenda que os jornalistas consideram qualquer declaração sujeita à investigação na fonte (faz parte do trabalho jornalístico) e daí para descobrir que a professora nunca esteve em Harvard, não fez pós-doutorado, a maioria dos prêmios que apregoou são participações em eventos, não premiações, entre outras declarações não comprovadas, só levou um dia. Quanto ao filme, ainda não sabemos como essa história ficou. Mas a entrevista gravada para o programa de grande prestígio, o *Roda Viva*, e dezenas de participações em eventos foram canceladas.

#CAPTOU?

Para você não se perder, veja o que fizemos até aqui com um exemplo. A Autoridade (Prof. Thompson, atualmente cursando a 11ª graduação) fez a Grande Promessa (instruir, usando as técnicas que o fizeram concluir uma graduação ou especialização a cada dois anos) no segmento (educação) usando o produto vídeo (videoaula). Experimente fazer esse exercício, testando combinações diferentes até encontrar uma que lhe agrade e que você possa cumprir.

com videogames, não nos parece sensato pensar em pessoas acima de 60 anos. É claro que muitos sexagenários gostam de videogames, mas é um número bem inferior ao da faixa etária de até 40 anos. O Serviço Brasileiro de Apoio às Micro e Pequenas Empresas (Sebrae) de sua cidade poderá ajudar com a definição do público-alvo, caso decida optar pela definição *a priori*.

Passo 7 – O canal

Ao escolher o produto, automaticamente houve a escolha do canal. Canal aqui tem o sentido de canal de distribuição, e pode ser um blog, o LinkedIn, o Instagram, o Facebook, o YouTube etc.

Passo 8 – O posicionamento

O posicionamento inclui as estratégias para fazer o produto (passo 5) ser entregue ao mercado (passo 6) por meio do canal adotado (passo 7). De agora em diante, você precisa de:

- produção e publicação de conteúdo permanentemente;
- seguidores;
- curtidas;
- compartilhamentos;
- comentários;
- visualizações (quando se trata de vídeos);
- cliques no anúncio ou assistir ao anúncio até o fim (quando houver).

VAMOS TREINAR? Desenvolva e refine estratégias para cada uma das etapas apresentadas. Use como fonte de inspiração o trabalho dos influenciadores mais bem-sucedidos do mesmo segmento que você quer entrar.

Passo 9 – A monetização

Igualmente importante é definir desde o início qual será a estratégia de monetização. Para o influenciador que tem algo a vender, a monetização pode ser imediata. Os influenciadores dependentes de monetização direta, paga pela plataforma, provavelmente terão de trabalhar entre seis meses a um ano de graça até ver o canal monetizar. Mas todos começaram assim, sem perspectivas de ganhos e hoje alguns faturam entre milhares a milhões de reais por mês. Considere a dedicação ao canal como um investimento de médio a longo prazo.

Figura 5.4 Seguindo esses passos simples, o único resultado provável é fazer sucesso.

Passo 10 – A manutenção do negócio

Você também precisa pensar na manutenção do negócio. Se depende do computador ou do smartphone para fazer gravações e edições, precisa ter mais cuidado com ele. A situação ideal é ter um aparelho só para trabalhar como influenciador e outro para uso pessoal.

Ativar todos os recursos de segurança disponibilizados pela plataforma é outra boa ideia, pois dificulta a perda do perfil para invasores.

A primeira receita deve ser integralmente reinvestida no canal. Evite a tentação de usar a receita para adquirir itens supérfluos, pois, em se tratando de equipamento de gravação e filmagem, quem tem um, não tem nada; quem tem dois; só tem um. É preciso ter reserva de tudo, incluindo discos externos para *backup* do material ou usar armazenagem em nuvem.

Cronograma

Os 10 passos apresentados tiveram como propósito guiar você para a criação de um plano, de um projeto de influenciador digital. Para esse projeto sair do papel você precisa criar um cronograma contemplando as seguintes etapas:

- **Projeto do negócio:** os 10 passos vistos anteriormente.
- **Pesquisa de mercado:** conhecer os influenciadores do mesmo segmento, as estratégias que usam, o perfil do seguidor em potencial.
- **Educação:** aprender mais sobre a plataforma escolhida, sobre o processo produtivo, a edição e a divulgação. Faça cursos se precisar.
- **Preparação:** reunir o equipamento necessário, podendo começar com o que já possui.
- **Piloto:** o primeiro produto que não será divulgado serve para testar o equipamento e para encontrar a identidade como apresentador. Esse piloto é visto por grupos de teste, podendo ser amigos ou desconhecidos abordados em filas ou na rua, em busca de opinião. Se você aparecer, é melhor pedir alguém para exibir o material para não intimidar quem o assiste, o que vai inibir o comentário.
- **Ajustes:** a partir do *feedback* são feitos os ajustes no material.
- **Produção:** nessa fase, começa a produção, sendo importante começar com uma lista de 50 temas que pretende trabalhar. Se o seu produto não tem 50 temas procure outro, pois 50 só dá para manter o negócio por seis meses, no máximo.

- **Publicação:** chegou a hora de publicar, podendo usar o recurso de agendamento, sempre que estiver disponível.
- **População inicial:** com o conteúdo publicado, o próximo passo é conquistar seguidores, uma tarefa que deve ser feita todos os dias, ininterruptamente.
- **Manutenção:** a manutenção ocorre naturalmente com você respondendo aos comentários, lidando com os *haters*, atualizando o conteúdo, removendo o que saiu com erro ou não deu certo, aumentando a base de seguidores etc.
- **Expansão e monetização:** após alcançar um número significativo de seguidores, visualizações, comentários, compartilhamentos, curtidas, eis que chega o momento de procurar uma agência para alavancar o negócio. A agência fará a ligação entre você e o patrocinador. Sugerimos procurar as agências quando alcançar 10 mil seguidores orgânicos.

Estabeleça uma data e um prazo para cada um desses itens e você terá um cronograma como o apresentado no Quadro 5.1.

Quadro 5.1 ▶ Planilha de planejamento do canal

AÇÃO	DURAÇÃO (EM DIAS)	QUANDO? (DATA)	SERÁ FEITO POR (QUEM?)
Projeto			
Pesquisa de mercado			
Educação			
Preparação			
Piloto			
Ajustes			
Produção			
Publicação			
População inicial			
Manutenção			
Expansão e monetização			

5.5 Criatividade

Com tantos canais disponíveis e milhares de influenciadores fazendo dinheiro, muitos dos nossos clientes ficam em dúvida sobre como começar, pois, se consideram sem criatividade para criar algo. Já tratamos do assunto e só vamos voltar a ele devido à importância, pois criar é, na verdade, mais fácil do que parece, pois praticamente todos os *influencers* usaram como referência alguém.

Siga a sequência:

- copiar;
- modificar;
- criar.

Comece copiando – e obviamente não estamos falando de plágio ou violação de direitos autorais. Se você pretende ter um canal de pegadinhas, comece anotando as melhores pegadinhas de cada canal e crie vídeos a partir delas. A ideia da pegadinha não tem dono, a única coisa que você não pode reproduzir é o mesmo vídeo, mas se fizer um vídeo seu com a mesma ideia, não terá problemas com isso.

O que pode acontecer, e provavelmente vai, é que os seguidores do canal original poderão atacá-lo, causando alguns transtornos. Para contornar isso, você pode fazer a gentileza de citar o canal de onde tirou a ideia, agradecer e dizer que espera que gostem da sua versão.

Agindo com transparência e cordialidade, terá mais chances de copiar descaradamente a ideia dos outros sem ter problemas com isso. Uma variação é copiar as ideias de youtubers de outros países, que é o que a maioria faz enquanto não encontra o próprio rumo.

Uma vez que você tenha feito várias cópias de vídeos de grande repercussão, em algum momento ou de imediato vai começar a ter ideias e fazer pequenas modificações. Você estará na fase dois do processo de criação – estará modificando.

Com o tempo e com a experiência adquirida com dezenas ou centenas de vídeos, eis que você começa a entender como as coisas funcionam, o que agrada seu público-alvo e começará a desenvolver um material só seu. Mas pode ter certeza de que ele também será copiado, não o produto, mas a ideia por trás dele, que não tem dono.

5.6
O EQUIPAMENTO

Não citaremos aqui marcas e modelos de equipamentos porque qualquer equipamento pode ser usado para iniciar e qualquer modelo que indicarmos em poucos meses estará obsoleto, sugerindo que o conteúdo do livro também. Se você tem recursos, invista em bons equipamentos; se não dispõe de recursos, use o que tem, qualquer que seja. Adapte-se.

Na verdade, o que percebemos é que grandes preocupações com equipamento revelam insegurança em relação ao conteúdo, como se um equipamento digno de Hollywood fosse compensar a falta de *o quê* apresentar. Já comentamos a esse respeito.

Daremos apenas um *checklist* inicial e deixaremos por sua conta pesquisar na internet qual é a melhor câmera, o melhor microfone, o melhor software de edição etc.:

- Conteúdo baseado exclusivamente em texto
    - Editor de texto com revisor ortográfico, gramatical, contador de palavras e caracteres.
- Conteúdo baseado exclusivamente em áudio
    - Microfone condensador USB com suporte e filtro anti pop.
    - Smartphone com o recurso de redução de ruído. Dica: colocar o smartphone dentro de uma caixa de papelão forrada com espuma melhora consideravelmente o som.
- Conteúdo baseado exclusivamente em vídeo
    - Câmera digital ou smartphone modelo intermediário ou avançado.
    - Cartão de memória.
    - Tripé.
    - Kit de iluminação comercial ou DIY (feito em casa).
    - Microfone de lapela ou direcional, tipo *boom*.
    - Cenário, que pode ser qualquer cômodo da casa, externo, parede, painel etc.
    - Teleprompter (opcional) comercial ou DIY.

> **SE LIGA #**
> Youtubers Life é jogo do tipo simulador, com versões para Windows, Mac, Linux e iPhone (iOS), no qual os jogadores devem conquistar seguidores com seus vídeos na internet. Apesar de ser um jogo, é uma forma divertida de experimentar a vida de youtuber e se divertir enquanto aprende estratégias para impulsionar o canal, pois quase tudo o que aparece no jogo funciona na vida real. Acesse: <http://www.youtuberslife.com/index.php?lang=br>.

- Conteúdo baseado exclusivamente em imagem
    - Câmera digital ou smartphone modelo intermediário ou avançado
    - Flash embutido no smartphone ou flash externo para a câmera digital.
    - Cartão de memória.
    - Tripé.
    - Kit de iluminação comercial ou DIY.

Além do material indicado, de acordo com o tipo de conteúdo que pretende produzir, você precisará também de um computador com acesso à internet para editar e publicar o material.

Quem mora em lugares barulhentos precisa encontrar um horário com menos ruídos ou outro lugar para gravar. Com tudo organizado, a pré-produção pode ser feita em um dia e a gravação no outro.

6
Roteiro para blogs

6.1 Introdução à web

O que hoje conhecemos como internet surgiu com o nome Arpanet[1], em 29 de outubro de 1969, quando foi estabelecida a primeira conexão entre a Universidade da Califórnia e o Instituto de Pesquisa de Stanford. O nome "internet" data de 1993, ano em que a Rede Mundial de Computadores (em inglês, *World Wide Web* – www) foi liberada para outros usos além do acadêmico e do militar. No Brasil, a internet já era utilizada por centros de pesquisa desde a década de 1980, mas sua liberação para uso comercial ocorreu apenas no final de 1994.

A internet é a rede que interliga todas as outras redes ao redor do mundo. É a infraestrutura, a *Information Superhighway* ou Super Rodovia da Informação, nome que foi bastante utilizado nos anos 1990 até perder espaço para internet.

Já se consagrou a expressão "navegar na internet", mas ela não é de todo correta, pois navegamos mesmo é na web. As páginas nas quais navegamos permitem a inclusão de áudio, vídeo, textos, imagens, abrem arquivos e rodam programas como jogos e aplicativos sem que haja a necessidade de instalação no computador. Na verdade, é possível substituir quase todos os programas instalados no computador por versões on-line. Mas nem sempre foi assim.

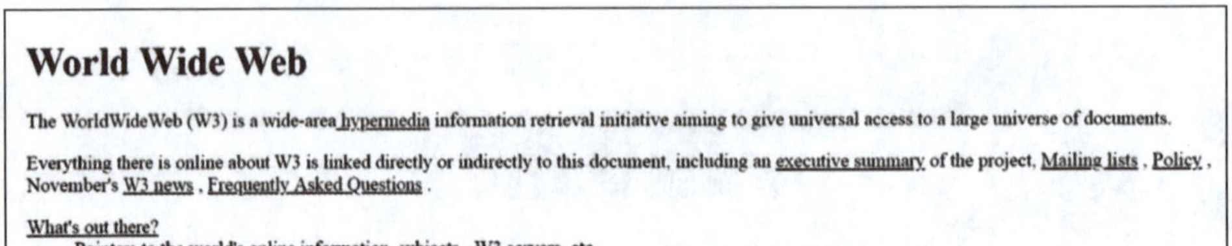

World Wide Web

The WorldWideWeb (W3) is a wide-area hypermedia information retrieval initiative aiming to give universal access to a large universe of documents.

Everything there is online about W3 is linked directly or indirectly to this document, including an executive summary of the project, Mailing lists, Policy, November's W3 news, Frequently Asked Questions.

What's out there?
   Pointers to the world's online information, subjects, W3 servers, etc.
Help
   on the browser you are using
Software Products
   A list of W3 project components and their current state. (e.g. Line Mode, X11 Viola, NeXTStep, Servers, Tools, Mail robot, Library)
Technical
   Details of protocols, formats, program internals etc
Bibliography
   Paper documentation on W3 and references.
People
   A list of some people involved in the project.
History
   A summary of the history of the project.
How can I help?
   If you would like to support the web..
Getting code
   Getting the code by anonymous FTP, etc.

Figura 6.1 Primeira página web, publicada em 6 de agosto de 1991.

---

1 Advanced Research Projects Agency Network (em português: Rede da Agência para Projetos de Pesquisa Avançada).

O documento eletrônico com links – que, ao ser clicado, remete a outros documentos eletrônicos, sem uma ordem linear –, surgiu bem depois da criação da internet com o nome web, uma forma simpática para nos referirmos à www. Foi por conta do surgimento da web que a internet se popularizou, dando ao professor e cientista da computação Tim Berners-Lee (1955-), seu criador, o título de "pai da internet".

6.2
Do hipertexto ao blog

Para você ter noção de como o hipertexto é poderoso, tente imaginar como seria a web sem os links. Um único portal pode contar entre centenas até mesmo milhares de páginas. Sem o hipertexto (ou hiperlink), teríamos de copiar e colar no navegador cada página que quiséssemos acessar. Algo que se tornou trivial, a ação de "clicar", não seria possível sem isso.

Não demorou muito para as instituições de pesquisa e ensino disponibilizarem um espaço para seus alunos e seus pesquisadores publicarem na web. Para fazer isso, era preciso ter acesso a um computador conectado à internet e entender um pouco de HTML[2], a linguagem da web.

No Brasil, popularizou-se a hospedagem gratuita da GeoCities. Era ideal para quem quisesse ter uma página pessoal a partir de 1994, mas não era vinculado a nenhuma instituição de pesquisa. Essa empresa foi comprada pelo Yahoo! em 1999 por US$ 4 bilhões. Com o tempo, ficou ultrapassada e foi extinta em 2009.

Nas páginas gratuitas da GeoCities, as pessoas começaram a experimentar a nova tecnologia (www), publicando nas páginas web todo tipo de informação, com tendência para as páginas temáticas. Não havia qualquer tipo de censura e só não é comparada ao

#SE LIGA

Não se tem notícia de alguém que tenha se destacado nacional ou internacionalmente como temos hoje, provavelmente porque o acesso à internet ainda era restrito a um número reduzido de pessoas (12% da população) em contraste com os 64,7% em 2018, segundo dados do Instituto Brasileiro de Geografia e Estatísticas (IBGE). Na verdade, eram dois mundos bastante distintos: o dos com internet e o dos sem internet, sem que um falasse sobre o outro. Hoje, essa relação mudou e a internet se confunde com a mídia tradicional, em que uma se alimenta da outra.

Foi graças a esse fenômeno que hoje é possível se tornar conhecido nacional ou internacionalmente pela internet. Ao se tornar conhecida, a pessoa poderá influenciar a vida de centenas ou até mesmo de milhares de pessoas e, por isso, fala-se em influenciador digital.

---

[2] Abreviação da expressão inglesa *HyperText Markup Language*, que em português significa Linguagem de Marcação de Hipertexto.

conteúdo ilícito da Deep Web porque a tecnologia da foto e do vídeo digital não era tão popular e ainda não existia opções de interação, como chats e fóruns.

Porém, os avanços foram muitos em um curto período, e assim que surgiram as ferramentas e as hospedagens que permitiam interação, surgiram também os blogs, os canais (*chan*, de *channel*) e os fóruns.

6.3 Blog como meio de influenciar

As pessoas têm deixado de visitar as páginas estáticas na internet. Essa tendência teve início com a popularização das redes sociais. Mas existe outro tipo de página que ainda faz bastante sucesso e pode ser uma boa opção para quem quer ser influenciador e não sabe por onde começar.

Figura 6.2 Blogs são um ótimo meio para quem quer difundir suas ideias e se tornar um influenciador digital.

Estamos falando do blog, contração dos termos em inglês *web* e *log*, ou diário da web. A diferença entre blog e uma página pessoal ou corporativa é que, enquanto na página pessoal ou corporativa o conteúdo não prevê atualizações frequentes nem muitas interações; os blogs, ao contrário estão sempre sendo atualizados e demandando interações. Postagens em blogs sem comentários não é bom sinal...

Quem mantém um blog é conhecido como blogueiro. Alguns são tão influentes que recebem os mesmos convites enviados aos profissionais da mídia tradicional, como inaugurações, pré-estreias, cortesias para participação em eventos etc.

Se você tem facilidade para escrever, não deve perder a oportunidade de influenciar com blogs. Os dois principais serviços de blogs gratuitos são os oferecidos pelo Blogger[3], adquirido pelo Google, e pelo Wordpress[4].

6.3.1 Primeiros passos

Criar um blog é bastante fácil. Esse procedimento por ser realizado em menos de dez minutos:

- Use sua conta Google para acessar o serviço Blogger ou crie uma conta gratuita no Wordpress. No Wordpress, existem as opções de planos pago e gratuito. A diferença mais relevante é que no plano gratuito aparecem propagandas e o endereço do blog será um subdomínio, algo como nome_do_blog.wordpress.com. O Wordpress existe como serviço de hospedagem de blogs, mas é também um sistema que pode ser baixado e instalado em qualquer hospedagem compatível.
- O segundo passo é personalizar o blog, começando pela escolha do tema (*layout*) e informando os dados do perfil: quem é você, qual é a finalidade do blog, porque as pessoas deveriam segui-lo etc.
- Feito isso, é só começar a postar regularmente, reservando algum tempo para estudar sobre marketing digital e conhecer os programas de parcerias, conhecidos como programas de afiliados.

A monetização dos blogs costuma vir dos anúncios que são exibidos, sendo necessárias milhares de exibições até que a remuneração aconteça.

---

[3] Disponível em: <https://www.blogger.com/>. Acesso em: 15 abr. 2019.
[4] Disponível em: <https://br.wordpress.com/personal/>. Acesso em: 15 abr. 2019.

6.3.2 O que postar?

Seguindo nossa orientação, você deve se planejar começando pela definição do objetivo do blog, que pode ser informar, divertir ou educar. As postagens podem ser curtas, médias ou "textão".

As plataformas sugeridas facilitam tudo para você, desde que use algum tempo para experimentar e tirar as suas dúvidas sobre o Blogger ou o Wordpress.

Em seguida, precisa criar uma lista com 50 títulos de futuros artigos e, com a lista completa, escolher com quais artigos vai iniciar. Pense na periodicidade mínima entre duas e três postagens por semana.

Outro ponto importante é a sinergia. Não desperdice a possibilidade de unir forças entre todas as suas redes sociais. Para que isso ocorra, você precisa criar um método que interligue um sistema ao outro.

7
Roteiro para o Instagram

O Instagram é uma rede social fundada em 2010 e que, atualmente, conta com mais de 1 bilhão de usuários no mundo. Entre seus criadores temos um brasileiro, Mike Krieger, que responde pela criação da plataforma com o estadunidense Kevin Systrom. O nome Instagram é a combinação das palavras Instant Camera (câmera instantânea) e Telegram (telegrama), seguindo o conceito de fotografar e compartilhar de forma rápida e prática.

O Brasil é o quarto país em número de usuários, com 120 milhões, ficando atrás apenas da China (705 milhões), da Índia (333 milhões) e dos Estados Unidos (242 milhões) (ONU, 2017). Ter acesso a 120 milhões de clientes em potencial é motivo mais do que o suficiente para você pensar em influenciar nessa rede social, mas assim como acontece com as outras, ela também tem suas particularidades. Para começar, é uma rede social voltada ao público mais jovem. Você precisa considerar isso quando pensar no conteúdo e na forma de monetização.

O Instagram é um aplicativo para smartphone, e se você pretende influenciar nessa plataforma vai precisar investir em um aparelho que faça fotos e vídeos com qualidade. Tudo o que você precisa para influenciar no Instagram é postar fotos e vídeos de curta duração, com no máximo 15 segundos.

A função, disponível para Android e iOS (iPhone), chamada **Instagram Stories**, permite que os usuários publiquem fotos e vídeos rápidos, que podem ser editados, mas sem filtros, e que só podem ser visualizados por um período curto, pois saem do ar em 24 horas, caso não sejam marcados como destaque, o que deixa essas vídeos armazenados no perfil. Você precisa definir uma estratégia para as publicações que pretende manter fixas e outra para os Stories.

Outro recurso que tem sido responsável por atrair as empresas para o Instagram é o **Instagram Shopping**. Da mesma forma que adicionamos palavras-chave nas fotos, as *tags* ou *hashtags*, podemos adicioná-las a produtos que, ao serem clicadas, redirecionarão para a página de venda do produto. Dá para chegar lá também usando o botão comprar. Uma loja de roupas, por exemplo, em vez de postar apenas as fotos das roupas, pode postar fotos de modelos, aumentando consideravelmente as chances de alguém se interessar e clicar em comprar. Fazendo uma analogia, seria o mesmo que vender na loja física produtos que estão na prateleira e outros que estão no manequim. Os produtos que estão no manequim têm muito mais apelo visual do que os produtos nas prateleiras.

7.1
História do Instagram

O Instagram originou-se de um aplicativo chamado Burbn, que possuía no menu opções para subir fotos, marcar o local onde se encontrava (*check-in*) e fazer planos, que poderia ser marcar os amigos para sair no fim de semana. Ou seja, um aplicativo carente de identidade e que em nada lembra o Instagram dos dias atuais.

O Burbn foi repaginado e rebatizado como Instagram, adquirindo o status de rede social, uma vez que passou não só a fazer fotos, mas também a aplicar filtros e permitir o compartilhamento nas redes sociais, com curtidas e comentários.

Apenas três meses após a mudança, o Instagram alcançou a incrível marca de 1 milhão de usuários. Atualmente, ele é:

- rede social móvel;
- aplicativo de edição e compartilhamento de imagens e vídeos;
- ferramenta de marketing para as empresas.

Figura 7.1 Tela do Burbn, precursor do Instagram.

O Instagram foi vendido para o Facebook em 2012 e recentemente está tentando competir com o YouTube no negócio de canais de vídeo com o Instagram TV (IGTV), que permite a publicação de vídeos mais longos, que podem ter entre 15 segundos a até 10 minutos de duração. Além disso, a plataforma traz interações como curtir, comentar e compartilhar os vídeos em redes sociais. O serviço não abre a câmera do celular para gravar cenas; você só pode compartilhar os vídeos que já estão salvos na biblioteca do celular.

Para anunciar no Instagram, você precisa ter uma página no Facebook. Acesse as Políticas de Publicidade do Facebook em <https://www.facebook.com/policies/ads>.

Apesar da novidade e da intenção de concorrer com o YouTube, o ponto forte do Instagram são mesmo as imagens criativas e de alta qualidade, pelo menos por enquanto. Assim, se o seu negócio são vídeos, use o YouTube.

7.2
Pontos importantes para influenciar no Instagram

Se você pretende ser influenciador digital no Instagram, precisa trabalhar em uma estratégia que envolve as seguintes etapas:

- **Marcar presença:** para marcar presença, é preciso criar uma conta no Instagram, e se você já possui conta no Facebook poderá fazer login com ela.

- **Definir um segmento:** a definição do segmento é importante para definir sua identidade. No Capítulo 5 foi apresentada uma lista de segmentação; você pode ser basear nela para definir a identidade que pretende criar. São muitos perfis que podem ser criados, e o ideal é que você conte com a ajuda de um profissional, agência ou consultor de *influencer* para definir o seu. Na falta dessa possibilidade, faça testes até encontrar o perfil que o represente. Os mais comuns se baseiam em:

- estilo de vida, como o estilo *gourmet*, esportista, *fitness*, colecionador ou viajante;
- raça, como a negra, asiática, indígena, nórdica, caucasiana;
- faixa etária, que pode ir de recém-nascido a idoso;
- característica pessoal, como forma física (qualquer uma), barba, cabelo (incluindo sua ausência), bigode, simetria facial;
- moda, como escolha de roupas, acessórios e decoração.

São inúmeras as possibilidades de criação de perfil e para cada um existem empresas interessadas em promover suas marcas e pagar por isso. Mas da criação da conta até isso acontecer, você precisa se posicionar e isso é feito gerando conteúdo, como ocorre em qualquer outra rede social.

- **Gerar conteúdo:** para o Instagram, o conteúdo são fotos e vídeos de curta duração. Há quem consiga milhares de seguidores publicando imagens de memes sem preocupação com a qualidade das imagens.

- **Acumular seguidores, curtidas e compartilhamentos:** sendo uma rede dedicada à imagem, o tipo de imagem que você deve produzir para o Instagram deve buscar um padrão comercial. Apesar de um curso de fotografia ser altamente recomendável, a tecnologia dos smartphones e o bom gosto das pessoas têm sido o suficiente para produzir imagens com um bom número de interações.

Figura 7.2 ▶ Fotos do cotidiano podem ser simples e belas, atraindo seguidores, curtidas e compartilhamentos.

O que se espera de uma foto no Instagram é que ela consiga o efeito de transportar a pessoa para aquele momento, lembrança ou experiência que se quer transmitir. É esse o efeito que você precisa buscar em suas fotos, de fazer as pessoas desejarem estar naquele lugar, com aquela companhia, fazendo aquelas coisas, usando aquele produto.

Fotos do cotidiano igualmente tem esse poder. A Figura 7.2, que você pode tentar reproduzir, remete a um momento tranquilo e relaxante. Os pés descalços proporcionam uma paz mental momentânea para quem está sobrecarregado no trabalho, por exemplo. É o tipo de foto que interage com o subconsciente e resulta em curtidas e compartilhamentos:

- **Entrar em contato com empresas e marcas do segmento:** por meio de ferramentas como a marcação de produtos e de uma aba chamada "Comprar" no perfil, o calçado ou outro objeto exibido em uma foto pode ser adquirido a partir do Instagram mesmo.

Quem está obtendo resultados no Instagram é quem entendeu seu funcionamento, similar a uma revista, com pouco texto e muitas fotos, além de vídeos.

7.3
Hora de monetizar

Após um tempo gerando conteúdo próprio e criativo e colecionando seguidores, curtidas, comentários e compartilhamentos, é chegada a hora de monetizar. Caso alguma agência ou marca ainda não tenha lhe procurado, é você quem deverá tomar a iniciativa, apresentando seu perfil de modo que marcas e agências que possam ter interesse em patrociná-lo.

Se você tem muitas fotos de animais de estimação, como cão ou gato, por exemplo, pode procurar fábricas de ração, petshops e outras empresas que forneçam produtos para esse segmento.

Se você é uma pessoa que curte viajar e tem muitas fotos de viagem no perfil, pode convidar agências de viagens, hotéis, fabricantes de malas e tudo o mais relacionado ao segmento para patrocinar o canal.

Será muito mais fácil se o perfil nascer buscando uma identidade comercial.

Para se tornar um influenciador digital profissional, é preciso pensar o tempo todo em quem vai pagar seu salário. Os seguidores são a moeda de troca, mas se o perfil só publica material sem identidade comercial, as empresas não vislumbrarão onde podem se encaixar.

Isso é bem diferente de um perfil com menos de 10 mil seguidores, cujo conteúdo seja especializado em turismo, com muitas fotos de viagens e dicas de locais bacanas onde se hospedar. É o tipo de perfil que pode atrair e dar resultados para diversos tipos de empresa, como agências de viagem, companhias aéreas, rede hoteleira, bares e restaurantes, secretarias de turismo, entre outros. Até cursos de idiomas podem se beneficiar da parceria com o influenciador digital especializado em turismo.

Há, inclusive, influenciadores digitais que são pagos para viajar, fazendo do Instagram uma alternativa ou um complemento aos blogs de viagem.

Entre as possíveis áreas com chances de usar o perfil para monetizar, estão:

- Arte
- Artesanato
- Bares e restaurantes
- Beleza e perfumaria
- Cabelo e maquiagem
- Culinária em geral
- Decoração
- *Design*
- Engenharia
- Ensaios fotográficos
- Esportes radicais
- Estilo de vida
- Filmes e séries
- *Fitness*
- *Flyers*
- *Hacks* (quebra galhos, reciclagem)
- Livros
- *Making off*
- Moda
- Música
- Paisagens
- Paródias
- Pôsteres
- Produtos
- Suplementos e vitaminas
- Teatro
- Turismo
- Tutoriais visuais passo a passo
- *Vintage*

Se você trabalha ou tem como *hobby* um ou mais itens das categorias indicadas, poderá usar esse conhecimento e interesse para gerar conteúdo e monetizar.

7.4 Formato das imagens para divulgação no Instagram

180 × 180 px
(tamanho mínimo)
Qualquer imagem pode ser usada como avatar, mas a proporção da imagem sempre será quadrada. Atente-se ao fato de que haverá corte circular.

IMAGEM VERTICAL
1.080 × 1.350 px
O Instagram permite fotos na vertical.

IMAGEM QUADRADA
1.080 × 1.080 px
Tamanho padrão do Instagram.

IMAGEM HORIZONTAL
1.080 × 566 px
O Instagram permite fotos *widescreen*.

Figura 7.3 ▶ Formatos de imagens para divulgação em perfil pessoal ou comercial.

8. Roteiro para o Twitter

O Twitter é uma rede social e um serviço de *microblogging*, lançado em 2006 e que rapidamente atraiu o interesse das pessoas com a proposta de enviar mensagens curtas pelo celular ou a partir de uma página web usando o computador. É hoje um dos principais canais de comunicação por troca de mensagens curtas e informação em tempo real, e pode ser usado por pessoas, grupos, empresas e organizações como igrejas e ONGs para discutir pautas de interesse coletivo, além de servir como fonte oficial de comunicação e/ou canal de atendimento, complementando ou substituindo o tradicional Serviço de Atendimento ao Cliente (SAC).

O Twitter é um serviço por meio do qual amigos, familiares e colegas de trabalho podem se comunicar e se manter conectados, trocando mensagens rápidas e frequentes. As pessoas publicam *tweets*, que podem conter fotos, vídeos, links e texto. Essas mensagens são publicadas em seu perfil e enviadas a seus seguidores, podendo ser encontradas por meio da busca do Twitter (TWITTER, 2019).

Embora não seja a única rede social desse tipo – existem outras como a Gab[1] e a Plurk[2], que publica as postagens na horizontal –, é a mais popular de acordo com o *ranking* da Alexa[3] (2019), que coloca o Twitter como o 11º site com o maior tráfego no mundo e como 17º no Brasil.

De acordo com o site *Poder 360*, no 4º trimestre de 2018 o número de usuários ativos mensais do Twitter era de 321 milhões, uma queda de 9 milhões em relação ao mesmo período do ano anterior (PODER 360, 2019). Apesar dessa queda, houve crescimento dos usuários monetizáveis — aqueles que utilizam a plataforma e veem os anúncios em meio à timeline.

O número de usuários do Twitter impressiona, considerando a estimativa da população do Brasil de pouco mais de 208 milhões de habitantes em 2018, segundo o Instituto Brasileiro de Geografia e Estatísticas (IBGE) (SILVEIRA, 2018). Cabe no Twitter quase um Brasil e meio! Na prática, isso significa que qualquer perfil tem potencial para alcançar um número extraordinário de pessoas, maior do que qualquer outra plataforma de rede social. Podemos comprovar isso observando o número de seguidores de alguns perfis que chegam a ultrapassar os 100 milhões:

---
1 Disponível em:<http://www.gab.com>. Acesso em: 23 maio 2019.
2 Disponível em: <http://www.plurk.com>. Acesso em: 23 maio 2019.
3 Alexa é uma empresa de estatística relacionada ao tráfego da internet. Um serviço extremamente útil para o influenciador saber quais sites/assuntos estão entre os mais bem posicionados no Brasil e no mundo. Disponível em: <https://www.alexa.com/topsites>. Acesso em: 13 maio 2019.

Tabela 8.1 ▸ Perfis mundiais com o maior número de seguidores no Twitter

PERFIL		SEGUIDORES (EM MILHÃO)
Katy Perry	@katyperry	107,4
Barack Obama	@BarackObama	106,2
Justin Bieber	@justinbieber	105,5
Rihanna	@rihanna	91,0
Taylor Swift	@taylorswift13	83,4
Lady Gaga	@ladygaga	78,7
Cristiano Ronaldo	@Cristiano	77,9
Ellen DeGeneres	@TheEllenShow	77,7
Justin Timberlake	@jtimberlake	64,9
Ariana Grande	@ArianaGrande	62,8

Fonte: Friend... (2019).

No Brasil, os números são mais modestos, mas também impressionam:

Tabela 8.2 ▸ Perfis de brasileiros com o maior número de seguidores no Twitter

PERFIL		SEGUIDORES (EM MILHÃO)
Neymar	@neymarjr	43,2
Kaká	@kaka	29,6
Ronaldinho Gaúcho	@10Ronaldinho	18,6
Danilo Gentili	@DaniloGentili	17,3
Ivete Sangalo	@ivetesangalo	16,6
Paulo Coelho	@paulocoelho	15,4
Claudia Leitte	@ClaudiaLeitte	14,5
Marcos Mion	@marcosmion	13,3
Luciano Huck	@LucianoHuck	12,7
Rede Globo	@globo	11,8

Fonte: SocialBakers (2019).

O termo Twitter significa "gorjear" em inglês e, por analogia, os *tweets* seriam pios de pássaros, supostamente conversando; daí o Twitter usar um pássaro (azul) como símbolo. Para conhecer a evolução do logotipo do Twitter desde sua criação, acesse <http://bit.ly/2wgGyWm>. Acesso em: 23 maio 2019.

8.1 Divulgação de notícias

Devido à velocidade de propagação das mensagens no Twitter, ele é o preferido para a comunicação governamental, corporativa e de celebridades, principalmente quando se trata da divulgação de temas importantes para a sociedade ou, então, assuntos polêmicos.

Por conta de sua agilidade e facilidade de uso, o Twitter é também um espaço propício para a proliferação de notícias falsas (*fake news*), obrigando os atingidos a se posicionarem rapidamente para não serem ainda mais prejudicados.

As redes sociais permitem que as postagens sejam configuradas como públicas ou privadas, mas algumas redes como Twitter e YouTube tendem a ter a postagem pública como padrão, enquanto o Facebook, por exemplo, impõe maior restrição ao alcance e à visualização. No Twitter, os assuntos mais comentados vão parar em uma lista conhecida como *trending topics*, que são os assuntos mais tuitados do momento.

> **SE LIGA**
> Por falar em *trending topics*, você também pode verificar os assuntos mais discutidos na rede de *microblogging*, acessando o link <https://trends24.in/brazil/>. Nele, é possível ver o *ranking* geral e por estado. No local em que aparece "Brazil" (canto superior esquerdo), é possível alterar e selecionar outro país ou, então, escolher um estado para ver os assuntos do momento por lá.

O Twitter assemelha-se a uma grande reunião de pessoas de todos os tipos e classes sociais, que podem conversar entre si e serem ouvidas por quem estiver passando por perto, podendo, se assim o quiser, interferir/participar na conversa. Por desconhecerem essa característica do Twitter, algumas pessoas acabam fazendo comentários que seriam irrelevantes em outras plataformas, mas que, nela, podem causar um grande estrago.

No Twitter, todo mundo vê (lê) o que os outros estão fazendo, e qualquer deslize é reproduzido imediatamente, alcançando muitas pessoas. Ir de zero a milhares – quiçá milhões – de curtidas e *retweets* em poucas horas é bastante comum nos perfis com muitos seguidores.

Todos podem usufruir do Twitter, mas alguns perfis podem se beneficiar mais do que os outros, como:

- **Ativistas:** como alguns já são conhecidos por defenderem alguma causa, conseguem se fazer ouvir e reunir tanto apoiadores quanto pessoas do contra, gerando calorosos debates.

- **Celebridades:** as celebridades atraem a atenção das pessoas, e o Twitter se mostra um canal competente de comunicação com os fãs. Da mesma forma que ocorre com os políticos e as autoridades, é o canal mais apropriado para usar no gerenciamento de crises devido à velocidade em que as pessoas se manifestam. Quando a celebridade se vê diante de um escândalo ou envolvida em *fake news*, por exemplo, uma assessoria de imprensa competente consegue resolver isso de tal forma que, às vezes em poucos minutos, a situação está contornada. Isso acontece porque as pessoas tendem a compartilhar no Twitter tanto a mentira quanto o desmentido, pelo prazer e pela necessidade natural de se posicionar.
- **Jornalistas:** jornalistas são acompanhados nas mídias tradicionais, e alguns acabaram migrando ou incorporando o Twitter para se comunicar com o público ávido por notícias, mas igualmente interessados na opinião e na análise que o jornalista tende a oferecer.
- **Nativos digitais:** são aqueles que entraram na plataforma muitas vezes sem grandes pretensões, fazendo experimentos e, com o tempo e a prática, atingirem um número significativo de seguidores.
- **Políticos e autoridades:** as pessoas e a imprensa de modo geral querem saber o que as autoridades estão fazendo pelo país, e o Twitter permite esse acompanhamento em tempo real. É um canal de comunicação igualmente útil em tempos de crise, pois, da mesma forma que as denúncias ou as notícias falsas rapidamente se propagam e ganham repercussão, o posicionamento da autoridade pelo Twitter também consegue rapidamente reverter ou minimizar uma situação.

Talvez você não se reconheça em nenhum dos perfis indicados. Na verdade, é você quem precisa nos dizer o que pretende fazer no Twitter. O que funciona nesse canal são mensagens rápidas sobre assuntos de interesse no momento. Seguem algumas sugestões:

- artistas podem usar o Twitter para divulgar sua agenda de shows e compartilhar com os fãs sua rotina;
- ativistas podem marcar posição nos assuntos que sejam de seu interesse – alguém insatisfeito com a educação ou com os rumos das questões relacionadas ao meio ambiente pode passar a seguir políticos, educadores e influenciadores bem posicionados, comentando suas postagens e fazendo-se ouvir por pessoas e grupos que, de outra forma, seriam de difícil acesso. Também pode promover iniciativas que, se derem certo, podem ter o poder de "mudar o mundo", a exemplo da jovem sueca de 16 anos, Greta Thunberg, que deu início a um movimento internacional de greves de estudantes contra as mudanças climáticas e, por essa iniciativa, foi indicada ao prêmio Nobel da Paz;

- atores podem manter os fãs informados sobre o cotidiano, que é o que costuma interessar a esse público-alvo. Além da exposição do dia a dia, os atores podem usar o Twitter para gerenciar crises e esclarecer boatos envolvendo seus nomes;
- autores e editoras podem divulgar lançamentos, promoções, pré-vendas e qualquer outro assunto relacionado a livros;
- instituições de ensino podem informar o calendário letivo, as paralisações, além de ouvir reclamações (e resolvê-las);
- políticos podem usar o Twitter para prestação de conta diária do que estão fazendo com seus mandatos e os órgãos do governo igualmente podem se beneficiar do Twitter para se comunicar com a população, ouvir críticas e sugestões;
- qualquer negócio pode divulgar ofertas, promoções e cupons de desconto;
- religiosos podem usar o Twitter para divulgar a agenda de seus templos, igrejas e congregações, bem como enviar mensagens religiosas curtas que proporcionem algum conforto espiritual;
- uma padaria pode informar o horário da próxima formada e produtos especiais.

Para você saber se compensa ser influenciador no Twitter, comece considerando que não é o tipo de rede social indicada para quem não tem tempo para se envolver. O Twitter é para quem pensa e escreve rápido e está disposto a acompanhar pessoas ou assuntos no dia a dia.

É uma rede social ideal para os debatedores. Não é indicada para quem não tem o que dizer, não tem uma posição e não está aberto ao debate. Estes são alguns exemplos de assuntos com chances de gerar debates no Twitter:

- bandas divulgando datas, contato com fãs, sorteios, descontos, vendas;
- cobertura em tempo real de eventos e tragédias;
- fofocas e denúncias envolvendo celebridades, políticos e autoridades;
- "*stalkear*" (perseguir) políticos e celebridades.

O Twitter não se restringe aos debates, podendo ser usado também para divulgar microconteúdo, como:

- citações;
- contos e poemas de até 280 caracteres;
- dicas de todo tipo;
- questões de concurso resolvidas e comentadas;
- receitas culinárias;
- versículos da Bíblia.

Usando a criatividade, podemos adaptar diversos tipos de conteúdo para o Twitter, incluindo cursos que podem ser oferecidos no formato de microaulas:

lições curtas de inglês, de matemática, de direito ou qualquer outro assunto que possa ser ensinado por imagem ou poucas palavras por vez.

Se a opção for pelo debate, por se tratar de uma rede social dinâmica, *tweets* enviados em discussões acaloradas ou sob forte emoção podem resultar em consequências nada agradáveis.

Às vezes, basta um post mal colocado para desencadear uma série de postagens ofensivas, que podem afetar o emocional. O Padre Fábio de Melo passou por isso em agosto de 2019. Após fazer um comentário[4] sobre a saída de um presidiário da cadeia para passar o Dia dos Pais em casa (preso pelo assassinato da própria filha), o padre foi duramente criticado e, como é de conhecimento público que o padre vem se recuperando de depressão, ele optou por abandonar a rede[5].

Se você decidir pelo Twitter, com o tempo vai perceber que essas ondas do contra e a favor vêm e vão. Bastam poucas semanas para a maioria nem lembrar do que se passou. Quem geralmente fica remoendo é quem foi o foco da atenção ou quem percebe que se manter na rede poderá afetar o emocional. Estar na rede é como estar em um palco – a pessoa está sujeita a vaias e a aplausos também. É preciso aprender a lidar com isso se você pretende estar nesse meio.

Esteja atento ao repasse de informações

No filme *Admirável mundo novo* (dirigido por Leslie Libman e Larry Williams, 1998), baseado na obra homônima do autor Aldous Huxley, o narrador diz que 62.400 repetições formam uma verdade. Se considerarmos que um perfil com mais de um milhão de seguidores alcança esse número de curtidas, comentários e compartilhamentos em poucas horas, é possível ter uma ideia do potencial das mensagens nas redes sociais.

A fim de evitar problemas, para você e para os outros, você que é ou pretende ser influenciador precisa adotar a postura de um jornalista, que sempre procura pelas melhores fontes, evitando compartilhar notícias e fatos tidos como científicos, mas que não sejam acompanhados da devida comprovação.

---

4   A postagem diz: "Não entendo de leis, mas a "saidinha" deveria ser permitida somente no Dia de Finados. Para que visitassem os túmulos dos que eles mataram."

5   A postagem diz: "Desde ontem, quando expressei minha indignação sobre a "saidinha", estou sendo acusado de justiceiro, desonesto, desinformado, canalha e outros nomes impublicáveis. Só reitero: já atuei na pastoral carcerária. Sei sobre a necessidade da ressocialização dos presos. Eu apenas salientei sobre a justiça não ser capaz de preservar, para os que sofrem suas perdas, o simbolismo das datas, libertando os responsáveis pelas mortes de seus entes queridos. Só isso."

8.3 Ingressando no Twitter

Entrar no Twitter é bem simples. Tudo o que você precisa é de um smartphone, uma conta de e-mail e um nome de usuário com até 15 caracteres, começando inicialmente com letras, podendo ter números após as letras, mas sem caracteres especiais.

SE LIGA
É possível criar um perfil no Twitter sem informar um número de telefone celular, mas se você fizer isso, em algum momento sua conta será bloqueada e o número de um celular será solicitado.

Você será encontrado pelo nome de usuário, como o nome de usuário **barackobama** (do ex-presidente estadunidense), que será referenciado como @**barackobama** e a URL será https://twitter.com/**barackobama**.

Vamos ver o passo a passo para criar sua conta:

1. Acesse a página inicial do Twitter (em português) no endereço: <https://twitter.com/login?lang=pt>.

2. Clique em Inscreva-se.

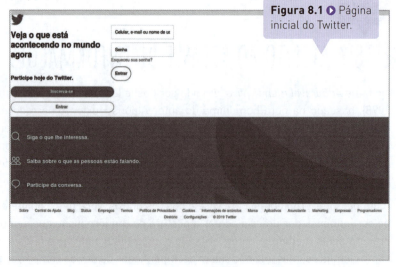

Figura 8.1 Página inicial do Twitter.

3. Informe o nome que vai aparecer no perfil e o número de um telefone celular para receber o código de liberação da conta. Se optar pelo cadastro usando e-mail, alertamos sobre a possibilidade de ter a conta bloqueada.

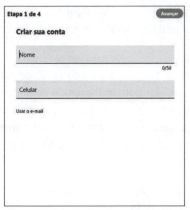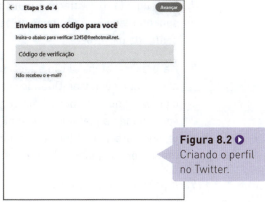

Figura 8.2 Criando o perfil no Twitter.

4. Após receber o código de liberação, você deverá informar a senha que será usada para acessar o Twitter. Evite criar uma senha fácil de ser descoberta ou senhas óbvias, como datas de nascimento, número do telefone, CEP da residência ou qualquer outra palavra conhecida.

   O apresentador Luciano Huck já cometeu esse erro ao usar a data do nascimento e, em 2010, teve a conta do Twitter hackeada com facilidade. Hoje, contamos com recursos extras de proteção, como a autenticação em duas etapas, que recomendamos veementemente que você ative. Após concluir a criação da conta, clique na foto do perfil e acesse Conta → Segurança → Verificação de acesso → Verificação de Redefinição de Senha. Não esqueça de clicar em Salvar Alterações no final da página.

5. Em seguida, será solicitada uma foto para o perfil. Acostume-se a usar a mesma foto em todos os perfis de redes sociais para criar uma identidade. Use uma foto que representa a mensagem que você quer passar.

6. O próximo passo é criar uma minibiografia com até 160 caracteres. O ideal é que essa minibiografia também seja a mesma em todas as redes sociais, para que ocorra o posicionamento da sua marca. As pessoas não leem os 160 caracteres, então coloque o mais importante no começo. Se você fez os exercícios propostos nos capítulos anteriores, você já definiu a sua autoridade e é ela quem deve se destacar na minibiografia de todas as redes sociais.

Figura 8.3 Inclua uma foto padrão em todos os perfis das redes sociais.

7. Em seguida, o Twitter vai pedir que você escolha alguns assuntos do seu interesse. Essa seleção de assuntos ajudará a ferramenta a sugerir conteúdo para você.

8. Na próxima etapa serão sugeridos perfis para você seguir. Pode pular essa etapa se quiser. Quando você estiver com milhares de seguidores, é provável que seu perfil seja sugerido também, gerando o efeito abdução, quando a plataforma trabalha para fazê-lo crescer. Primeiramente, você precisa se tornar grande sozinho para depois se tornar ainda maior com a ajuda do Twitter.

9. A próxima etapa é ativar (ou não) as notificações, e isso é tudo o que você precisa fazer para começar a tuitar. Mas antes de fazer isso, clique na foto do perfil e acesse Configurações e Privacidade. Use algum tempo com cada uma das opções, aprendendo sobre o efeito delas sobre a conta e fazendo os ajustes que julgar necessários.

Figura 8.4 Opções de configuração da conta no Twitter.

8.4
Como usar o Twitter para influenciar

Você já entendeu que para ser influenciador você precisa de seguidores, curtidas, compartilhamentos e comentários; e isso é feito com conteúdo. O conteúdo ideal é o criado por você, mas também pode ser conteúdo compartilhado.

Figura 8.5 ◗ Formulário da versão do Twitter para navegadores web, em que se faz a postagem.

As opções de conteúdo são vídeos, imagens, gif e enquete. Você pode ilustrar as mensagens com emojis e incluir a sua localização. Sugerimos que mantenha essa opção desabilitada por questão de segurança.

Inicialmente, o Twitter perguntava *O que você está fazendo?*, depois mudou para a mensagem atual *O que está acontecendo?*, sugerindo uma mudança de abordagem do pessoal para o social. Se antes o foco da empresa era que os usuários compartilhassem a rotina, como um diário, a proposta atual remete à comunicação, em que as pessoas falam sobre acontecimentos e os discutem.

Já comentamos sobre isso, mas não custa lembrar: para ser influenciador você não precisa ter milhares de seguidores. Se você mora em uma cidade com 50, 100, 200 mil habitantes e tiver 5 mil, 10 mil ou 20 mil seguidores, o equivalente a 10% da população, e isso já é uma influência enorme. O suficiente para promover produtos e comerciantes locais e até interferir nas eleições, se quiser.

A forma mais fácil de começar no Twitter é dando opinião, logo a partir da página inicial, na seção **Assuntos para você**. É só escolher um dos temas "quentes" do dia e entrar na discussão.

Tomando como exemplo as séries e os programas de televisão, que sempre rendem bons *tweets*, se você clicar, por exemplo, em #TaNoAr ou #FinalGameofThrones lerá o que estão escrevendo e, se quiser participar da discussão, é só incluir a *hashtag* #TaNoAr ou #FinalGameofThrones em seus *posts*.

A partir daí o que pode acontecer é o seguinte:

- **Nada:** o *tweet* não influenciou ninguém. Precisa testar várias abordagens até descobrir o que funciona para você.

- **Seguidores:** o *tweet* agradou e você começa a receber seguidores. Com um pouco de sorte, algum famoso ou influenciador passa a seguir você também e traz um monte de seguidores junto.

- **Ofensas:** o *tweet* desagradou e você receberá ofensas. Aqui não existe uma fórmula pronta sobre o que fazer. Você precisará avaliar a situação para decidir se o melhor é deixar de lado; se a ofensa pode ser considerada algo mais grave, como a injúria racial, por exemplo; e se o próximo passo é abrir uma denúncia contra o perfil na própria plataforma ou comunicar as autoridades competentes. Algumas ofensas podem resultar no efeito contrário e atrair seguidores que saem em defesa do ofendido.

- **Convites:** o *tweet* agradou e você pode receber convites de toda ordem. Para divulgar marcas, fazer parte da equipe, enviar sugestões, participar de algum programa ou entrevista. A verdade é que não dá para prever com exatidão as consequências de um *tweet*.

- **Curtidas:** o *tweet* agradou e as pessoas estão clicando no ícone do coração. Quanto mais, melhor.

- **Compartilhamentos:** o *tweet* agradou (ou desagradou) tanto que as pessoas estão retweetando, que é o equivalente ao compartilhar das outras redes sociais.

Outra forma de interagir é comentar *tweets*, preferencialmente sobre temas de grande repercussão e que saiam do lugar comum. Um comentário espirituoso ou que se mostre inteligente tem potencial para atrair seguidores. Se a situação se repetir, estará criada a marca pessoal. Alguns perfis exageram nessa estratégia e se tornam escaladores, que é quando o influenciador escolhe um perfil para escalar. Funciona assim: um perfil possui milhares de seguidores, mas por algum motivo está envolvido em polêmica. O escalador se aproveita dessa tensão e se posiciona de forma a chamar a atenção sobre si, se valendo do grande número de seguidores do perfil que usou para escalar. Isso não quer dizer que as pessoas vão abandonar o perfil original, e sim que muitos estarão interessados em uma segunda opinião. Se o escalador com um único *tweet* conseguir atrair 0,9% de seguidores de uma conta com 1 milhão, já terá aumentado em 9 mil o número de seguidores do próprio perfil.

Você também pode enviar mensagem direta para o perfil, clicando no ícone do envelope em vez de clicar no ícone do balão:

Figura 8.6 ▸ Comentar, compartilhar, curtir e enviar mensagem direta.

Sempre que possível, use *hashtags* em suas mensagens para aumentar o alcance e a capacidade de influenciar. Se a *hashtag* agradar, ela pode alcançar o *trending topics*, que é outro entre os objetivos almejados pelo influenciador no Twitter.

O Twitter também aceita imagens e vídeos. As imagens podem ser fotos, mensagens, citações, poemas, microcontos ou memes.

Aqui precisamos fazer uma observação: se a intenção é monetizar no Twitter, desenvolva uma estratégia de monetização desde o início. Os melhores segmentos para monetizar de acordo com as categorias escolhidas são:

Segmente sua estratégia, escolhendo a categoria que seja mais adequada a você. A partir disso siga, crie e compartilhe conteúdo relacionado ao segmento escolhido. Quando conseguir crescer, será daí que sairão os anunciantes e os patrocinadores.

Gráfico 8.1 ▸ Categorias de produtos e serviços mais comprados e/ou usados.

Você poderá contar com a ajuda de agências para intermediar o contato entre as empresas e você. Algumas pedem apenas que faça um cadastro e vincule as contas que deseja dispor para anúncios:

Figura 8.7 ▶ Formulário de cadastro da Influency.me, site de intermediação entre influenciadores e empresas.

8.5
Utilização de imagens e formatos adequados

As imagens que você usar no Twitter, como foto de perfil, capa, imagens nos posts, precisam seguir um padrão:

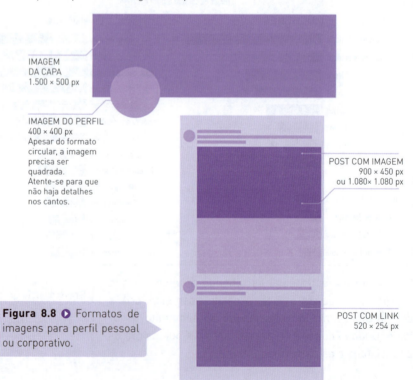

IMAGEM DA CAPA
1.500 × 500 px

IMAGEM DO PERFIL
400 × 400 px
Apesar do formato circular, a imagem precisa ser quadrada. Atente-se para que não haja detalhes nos cantos.

POST COM IMAGEM
900 × 450 px
ou 1.080× 1.080 px

POST COM LINK
520 × 254 px

Figura 8.8 ▶ Formatos de imagens para perfil pessoal ou corporativo.

Para criar você mesmo as suas imagens para usar nas redes sociais, sugerimos que você pesquise e procure aprender sobre edição de imagens, seja por meio de cursos, livros ou tutoriais da internet.

Entre os programas mais usados, podemos citar o Adobe Photoshop[6], Adobe Indesign[7], Corel Draw[8] e Gimp[9]. Mas existem opções on-line e na forma de aplicativos para tablet e celular. O Canva[10], por exemplo, é on-line, gratuito e tem versão para celular. É o mais usado por quem não tem experiência em edição de imagem. Após um breve cadastro, você tem acesso às opções e o uso é bem simples e intuitivo, bastando selecionar um entre os templates gratuitos ou criar do zero vocês mesmo, com o arrastar e soltar. Com pouco tempo de prática você será capaz de criar imagens que nada ficam a dever aos programas de edição profissionais:

Figura 8.9 Apenas arrastando e soltando os elementos da barra à esquerda é possível obter resultados bastante profissionais.

Não pretendemos com este capítulo esgotar a orientação sobre o uso do Twitter. Existem livros inteiros sobre o assunto e muita informação na internet para você consultar. O que torna este livro especial são as orientações de como usar as redes sociais para se profissionalizar, e o que apresentamos aqui sobre o Twitter é tudo o que você precisa para começar.

---

6 Versão de avaliação disponível em: <https://www.adobe.com/br/products/photoshop.html>. Acesso em: 23 maio 2019.
7 Versão de avaliação disponível em: <https://www.adobe.com/br/products/indesign/free-trial-download.html>. Acesso em: 23 maio 2019.
8 Versão de avaliação disponível em: <https://www.coreldraw.com/br/>. Acesso em: 20 maio 2019.
9 O Gimp pode ser usado gratuitamente e está disponível em: <https://www.gimp.org/>. Acesso em: 20 maio 2019.
10 Disponível em: <https://www.canva.com/pt_br/>. Acesso em: 21 maio 2019.

8.6
Glossário de termos utilizados no Twitter

O Twitter tem um vocabulário próprio que você precisa conhecer para não ficar perdido depois que entrar na rede. A lista a seguir reproduz algumas definições do glossário do Twitter (2019b):

- **@:** a arroba é usada para destacar nomes de usuários. Você pode usar para informar seu perfil de usuário, como @Thompson_Prof. As pessoas usam o símbolo arroba mais o nome de usuário para mencioná-lo em *tweets*, enviar mensagens diretas ou criar link para seu perfil.

- **Bloquear:** ao bloquear uma conta do Twitter ela não poderá seguir quem a bloqueou, e se mencionar em um *tweet* o usuário bloqueado, ele não será notificado. É a forma usada para se livrar de pessoas indesejáveis.

- **Contas promovidas:** geralmente, são contas comerciais, que a empresa pagou para o Twitter sugerir que você a siga, com base nas preferências do seu perfil. Você pode promovê-lo, inclusive, pagando por isso. Não recomendamos para o influenciador, que deve dar preferência ao resultado orgânico, sem precisar pagar.

- **Curtida:** é um sinal de aprovação, de ter gostado da mensagem, aprovado ou concordado com ela. É a meta de todo influenciador: receber curtidas. A curtida também é conhecida como *like*.

- **Deixar de seguir (ou *unfollow*):** é quando o seguidor deixa de seguir o perfil.

- **Desativação:** a conta pode ser desativada pelo usuário, mas isso não é feito imediatamente. Quando se desativa a conta, ela vai para uma fila de exclusão permanente do Twitter em um prazo de 30 dias. É possível mudar de ideia e reativar a conta dentro do mesmo período.

- **Enquetes:** as enquetes do Twitter permitem ponderar sobre as perguntas feitas por outras pessoas na rede. Você também pode criar facilmente sua própria enquete e ver os resultados instantaneamente.

- **Falsa identidade:** a falsa identidade on-line (fingir ser alguém que não é), com intenção de enganar outras pessoas, é proibida pelas regras do Twitter. Contas de paródia são permitidas.

- **Foto da capa:** é a imagem pessoal que você carregou. Ela aparece na parte superior do seu perfil.

- **Foto de perfil:** é a imagem pessoal associada à sua conta. É também a imagem que aparece ao lado de cada um de seus *tweets*.
- *Hashtag*: *hashtag* é qualquer palavra ou frase imediatamente precedida pelo símbolo # (cerquilha ou jogo da velha). Quando você clica ou toca em uma hashtag, vê outros *tweets* contendo a mesma palavra-chave ou tópico.
- **Lista:** é uma forma de organização para reunir pessoas com os mesmos interesses, evitando que toda mensagem chegue a todo mundo. Exemplo: lista de amigos, de colegas de trabalho, de celebridades, de colegas de faculdades, de clientes etc.
- **Mensagem Direta:** é a mensagem enviada de uma conta do Twitter para outra(s). Você pode enviar mensagens diretas para conversar em particular com um usuário ou entre grupos. Sem esse recurso, toda mensagem que enviar vai para todos os seus seguidores e para o público.
- **Moments:** é quando você agrupa *tweets* sobre determinado assunto e dá acesso a partir de um link só. É parecido com o antigo *clipping*, em que as pessoas recortavam de jornais e revistas apenas o material relacionado a determinado assunto, como a vida e as notícias sobre um artista, por exemplo.
- **Paródia:** você pode criar contas de paródia no Twitter para imitar ou fazer uma brincadeira com alguma coisa, assim como contas de comentários ou fã-clubes. Essas contas devem divulgar que são contas de paródia, fã-clubes ou comentários para que estejam de acordo com a rígida política do Twitter contra falsa identidade.
- **Perfil:** o perfil exibe informações que você pode optar por compartilhar publicamente, assim como todos os *tweets* que você publicou. Seu perfil, com seu nome de usuário, identifica você no Twitter.
- *Retweet*: um *tweet* que você encaminha para seus seguidores é conhecido como *retweet*. Geralmente usados para transmitir notícias ou outras descobertas valiosas no Twitter, os *retweets* sempre mantêm a atribuição original.
- **Seguir (ou *follow*):** a inscrição em uma conta do Twitter é chamada de "seguir". Para começar a seguir alguém, clique no ícone Seguir, ao lado do nome da conta no perfil dessa pessoa, para ver os *tweets* dela assim que algo novo for publicado. Qualquer pessoa no Twitter pode seguir ou deixar de seguir outra pessoa a qualquer momento, com exceção das contas bloqueadas. Nesse caso, pode-se solicitar para seguir, mas a aprovação dependerá do usuário proprietário da conta bloqueada.

ROTEIRO PARA O TWITTER

- **Silenciar:** é possível silenciar contas, silenciar palavras, frases, nomes de usuário e *hashtags* de suas notificações, além de notificações de Mensagem Direta.
- **Timeline:** a *timeline* é um fluxo de *tweets* transmitido em tempo real. A *timeline* da sua página inicial, por exemplo, é onde você vê todos os *tweets* compartilhados por seus amigos e outras pessoas que você segue.
- **Tweet (ou tuíte):** é a publicação feita pelo usuário no Twitter. Um *tweet* pode conter fotos, gifs, vídeos, links e texto.
- **Tweetar (ou tuitar):** ato de enviar um *tweet*. Os *tweets* são exibidos nas *timelines* do Twitter ou inseridos em sites e blogs, e podem ser enviados via celular, tablet ou PC com acesso à internet.
- **Verificação:** processo pelo qual uma conta do Twitter recebe um ícone de verificação azul para indicar que o criador desses *tweets* é uma fonte legítima. Contas verificadas incluem figuras públicas, possíveis vítimas de falsa identidade no Twitter e empresas.

O YouTube é uma plataforma de vídeo digital criada em 2005, na cidade de San Francisco, nos Estados Unidos, quando Chad Hurley, Steven Chen e Jawed Karim desenvolveram um pequeno programa de compartilhamento de vídeos. Em outubro de 2006, o YouTube foi comprado pelo Google pela quantia de US$ 1,65 bilhão. Em abril de 2008, estimava-se que o site tinha 83,4 milhões de vídeos armazenados (VASCONCELOS, 2018).

De acordo com uma pesquisa realizada pelo Google (2013) com cerca de 1.500 usuários, "61% dos entrevistados alegam que os vídeos do YouTube são mais interessantes que os da TV; 69% concorda que o YouTube complementa a TV; e 44% prefere a plataforma de vídeos à televisão". A pesquisa não é recente, mas esses números não devem estar muito diferentes , pois apontavam uma tendência. Suspeitamos que hoje estejam favorecendo ainda mais as plataformas de vídeo on-line.

O YouTube está concorrendo com a TV aberta, e para quem pretende se tornar uma celebridade, ser youtuber tem se mostrado uma excelente opção. Além disso, o YouTube representa uma oportunidade que talvez ainda não tenha ficado clara para a maioria, que é a possibilidade de ter e administrar o próprio programa de TV e até mesmo um canal inteiro de televisão pela internet, com vários programas reunidos.

9.1

Quem utiliza o YouTube?

Artistas, músicos, bandas, grupos com os mais diversos interesses, atores, jornalistas, comediantes, professores, ativistas, filósofos, livres pensadores, políticos, ambientalistas, qualquer pessoa com algo a dizer pode se comunicar com um público estimado em milhões de pessoas ao redor do mundo, fazendo pouco ou nenhum investimento.

Alguns canais de muito sucesso se resumem a uma pessoa gravada por uma webcam ou smartphone de modelo intermediário. O cenário é o fundo de um cômodo na casa, sendo comum usarem a sala, o quarto de dormir, a cozinha ou escritório com ou sem biblioteca, estilo *home office*. Nada disso é relevante, pois o que importa mesmo é a mensagem. Como exemplo desse estilo, podemos citar os canais *Jout Jout*[1], *Alta fidelidade*[2]

---

1 Disponível em: <https://www.youtube.com/user/joutjoutprazer>. Acesso em: 23 maio 2019.
2 Disponível em: <https://www.youtube.com/channel/UCjbwfB_8hlg_GebxV46O_0A>. Acesso em: 23 maio 2019.

e *Contraditórios*[3], cujas estruturas se resumem a uma webcam ou smartphone apontado para alguém falando.

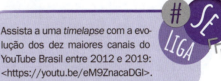

Assista a uma *timelapse* com a evolução dos dez maiores canais do YouTube Brasil entre 2012 e 2019: <https://youtu.be/eM9ZnacaDGI>.

O youtuber Felipe Neto, hoje bastante famoso, teve o início de carreira exatamente assim: gravando com uma câmera doméstica sem recursos de edição e iluminação. Seu vídeo de estreia é inaceitável para os padrões atuais[4], mas vale a pena assistir para ter uma ideia de como foi e o quanto se pode evoluir.

Nunca foi tão fácil se fazer ouvir e ganhar dinheiro por isso. É um mercado com oportunidades para apresentadores, mas também para quem não se vê apresentando e prefere os bastidores, seja atuando como administrador ou como preparador dos youtubers que queiram ter um canal, com participação nos lucros, por exemplo.

Com as pessoas cada vez mais conectando a TV (smart TV) à internet e assistindo a vídeos pelo celular, alguém com um canal de vídeo consegue concorrer com os programas das emissoras de televisão tradicionais. São vários os canais do YouTube com audiência auferida maior do que a de alguns programas da TV aberta.

A propósito, muitos youtubers são convidados para atuar em comerciais, participar de programas, *reality shows* e para adaptarem o conteúdo do canal para a grade da programação:

Kéfera Buchmann, uma conhecida youtuber brasileira, integrou o elenco da novela das 18h da Globo, *Espelho da Vida*, de Elizabeth Jhin. Os números da audiência dela impressionam: são 11 milhões de inscritos em seu canal (o *Porta dos Fundos* tem 14 milhões) e mais 12 milhões de seguidores no Instagram. Outros influenciadores digitais já participaram de quadros especiais em programas como *Fantástico* (Christian Figueiredo) e *Esporte Espetacular* (Felipe Neto), mas a entrada dessa turma na dramaturgia é mais recente (CORREIO DO ESTADO, 2018).

9.2
IMPACTO NA TV ABERTA E NO CINEMA

A MTV, por ter um perfil mais descolado, foi a emissora que mais contratou youtubers e que adaptou canais para sua grade de programação.

---

[3] Disponível em: <https://www.youtube.com/channel/UCkJndusV5Yktgg3APvQDeDg>. Acesso em: 23 maio 2019.
[4] Disponível em: <https://www.youtube.com/watch?v=261_rlJuLU0>. Acesso em: 20 maio 2019.

A Rede Globo também aderiu à tendência e, além de levar youtubers para participarem de alguns programas, por uns tempos incluiu o canal *Choque de cultura* na programação de domingo. Este canal foi criado pela TV Quase, uma produtora audiovisual brasileira.

> **#CAPTOU?** Um youtuber residente em Sucupira (TO), por exemplo, pode criar uma produtora local e chamar de TV Sucupira ou usar esse nome como nome do canal. Tudo isso tendo apenas um smartphone mediano. Essa é a maravilha da Tecnologia da Informação e Comunicação (TIC).

Essa diversidade tem despertado o interesse das emissoras para o trabalho dos youtubers, pois encontram conteúdo testado e audiência de milhares a milhões de seguidores.

Isso é algo que não passou despercebido pelo cinema, e nos últimos anos presenciamos vários filmes estrelados por ou com a participação de youtubers, entre eles o *Internet: o filme* (2017), muito mal avaliado pela crítica especializada, que o considerou oportunista, buscando público às custas da soma dos seguidores dos participantes. Se funcionou não sabemos, mas é um filme que todo aspirante a youtuber deveria assistir, pois revela um pouco dos bastidores e do dia a dia dos youtubers celebridades.

9.3 Impacto na publicidade

Diante desse fenômeno, as empresas estão revendo suas estratégias de marketing e fazendo testes do tipo A/B, promovendo campanhas publicitárias na TV aberta e no YouTube e comparando os resultados.

A julgar pelo aumento do patrocínio dos canais e da proliferação de agências especializadas nesse tipo de mídia, há indícios de que os investimentos continuarão chegando em um volume cada vez maior.

Você, como influenciador, terá diante de si oportunidades que vão além da monetização direta do canal. Pesquisando no SocialBlade, percebemos que alguns canais populares não são bons em monetização direta, mas faturam alto com a venda de produtos e *merchandising*. Não pense apenas na monetização direta, naquele pagamento por mil visualizações, pois existem também outras possibilidades de ganho.

E agora que você já conhece o potencial do YouTube, veja como entrar e se posicionar nele.

9.4
Criação de conta no YouTube

Tudo começa com uma conta Google, que certamente você já deve ter criado para poder logar o smartphone na Google Play. Ela dá acesso a dezenas de serviços Google, inclusive o YouTube.

Empregue algum tempo criando um perfil que represente você e a mensagem que deseja passar. Pense em um nome que será sua marca profissional. Você precisa decidir se usará seu nome mesmo, o apelido pelo qual já é conhecido, o nome do grupo do qual fazer parte, da empresa ou negócio que mantém. Você também pode usar paródias e nomes fantasia, incluindo ideias como personagens.

> **#SE LIGA**
> A lista disponível dos serviços Google você encontra em: <https://about.google/products/?hl=pt-BR>. Caso ainda não tenha uma conta Google, crie uma, acessando: <https://account.google.com>.

Evite nomes sem qualquer sentido ou que remetam ao duplo sentido, pois apesar de parecerem engraçadinhos, tendem a afastar patrocinadores do canal. Gisely Bichen pode fazer sucesso como paródia da modelo de nome homófono, a Gisele Bündchen. O que não dá para prever é se os patrocinadores vão investir em um canal com esse nome ou alguém que usa esse nome como dono do canal – até para evitar eventuais ações na justiça.

Nos Estados Unidos, algo parecido ocorreu com o comediante Mario Armando Lavandeira Jr., que adotou o nome artístico Perez Hilton e tornou-se uma celebridade instantânea, requisitada em festas e fazendo sucesso nas redes sociais.

Toda essa visibilidade atraiu a atenção da socialite Paris Hilton e resultou em uma ação judicial, requerendo a proibição do uso do nome, mas ela perdeu a causa e o comediante mantém o homófono até hoje, tendo ficado ainda mais conhecido após o episódio.

> **#SE LIGA**
> Canais em torno de 5 a 10 mil seguidores conseguem atrair empresas que enviam produtos para o youtuber analisar. Alguns são empréstimos para ser feito *review* (análise das características de algum produto ou serviço) e/ou *unboxing* (experiência do usuário desde a abertura da caixa).

Alguns nomes podem até soar engraçados e servir a um canal de entretenimento *non sense*, mas talvez as grandes marcas não queiram se associar a nomes que remetam ao baixo calão, ao duplo sentido ou sejam paródias que possam se envolver em disputas judiciais. Considere isso na hora de criar nomes para perfis e canais.

O fato é que você precisa pensar desde o início em como vai posicionar seu trabalho por meio do canal, tendo em mente quais patrocinadores pretende procurar após alcançar um número significativo de seguidores.

9.4.1 Personalize sua conta Google

Após criar sua conta no Google, visite o endereço <https://myaccount.google.com> para revisar as **Informações pessoais**, incluindo uma foto de perfil e a definição de uma senha forte.

Outra opção que você deve revisar é **Segurança**, ativando a autenticação de duas etapas. A autenticação de duas etapas faz com que algumas ações, como troca de senha, por exemplo, exija a digitação de um código enviado para o celular.

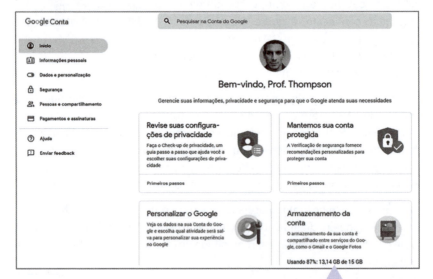

Figura 9.1 ▶ Página de administração da conta Google.

9.5 Criando seu canal

Uma vez que já tenha criado a conta e personalizado o perfil, acesse a página de criação de canais em:

- <https://www.youtube.com/create_channel>

Se você já tiver criado um canal, ele vai aparecer; caso contrário, você será guiado por um assistente de criação de canais. Basta seguir as instruções e em poucos minutos o canal estará pronto para receber os primeiros vídeos.

Figura 9.2 ► Acesse primeiramente a personalização do canal.

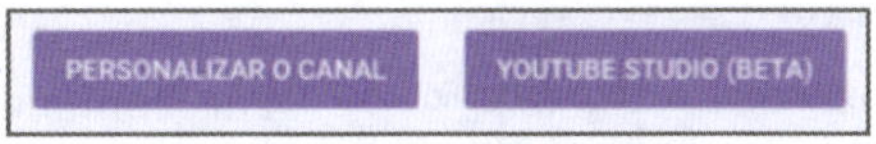

Em **Personalizar o canal**, você deve **Adicionar arte do canal** e definir o vídeo que vai aparecer em **Conteúdo em destaque**, como um vídeo de apresentação, por exemplo. Se não tiver nenhum, pode fazer isso depois.

9.6
Formato de imagens para o YouTube

TV
2.560 × 1.440 px
(recomendado pelo YouTube)
Use este tamanho padrão, mas fique atento, pois nem toda imagem funcionará bem em todos os dispositivos.

DESKTOP
2.560 × 423 px

TABLET
2.560 × 423 px

INFORMAÇÕES PRINCIPAIS
1.546 × 423 px
As informações mais importantes (nome do canal, logo etc.) devem ficar nesta área.

Figura 9.3 ► Formatos de imagem para capa do canal.

500 × 500 px
Pode-se usar qualquer imagem como ícone do canal, mas a proporção deve ser sempre quadrada. Atente-se ao fato de que haverá corte circular.

Figura 9.4 ► Formato de ícone para canal.

9.7
YouTube Studio

O YouTube Studio é um painel personalizável em que você reúne as informações que gostaria de ver em primeira mão, como estatística do canal etc.

ROTEIRO PARA O YOUTUBE

> **SE LIGA #** Ele já aparece pré-configurado, não sendo necessário mudar se não o quiser: <https://www.youtube.com/dashboard>. Seus vídeos podem ser acessados em Gerenciador de vídeos → Vídeos ou no link: <https://www.youtube.com/my_videos>.

São muitas abas e opções, o que pode acabar confundindo o iniciante, mas não se preocupe que com pouco tempo de experiência e uso, você saberá quais são os recursos realmente necessários e quais são os mais importantes, entre eles a opção Canal → Status e recursos, que também pode ser acessado pelo link direto <https://www.youtube.com/features>.

9.7.1 Features

Os *features* ou recursos não aparecem completamente liberados desde o início, sendo necessário atender a alguns requisitos antes que ocorra a liberação. Na Figura 9.5 vemos um canal com poucos *features* liberados:

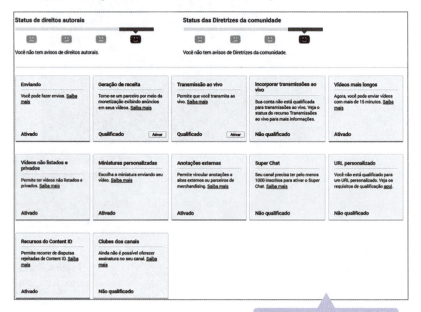

Figura 9.5 Canal com poucos recursos liberados.

Os features mais importantes são:

- **Enviando:** para poder enviar vídeos para o canal.
- **Geração de receita:** para poder monetizar o canal.
- **Vídeos mais longos:** caso queira enviar vídeos com mais de 15 minutos de duração.

- **Miniaturas personalizadas:** para poder enviar a imagem que vai aparecer na miniatura do vídeo, evitando o uso aleatório do *timestamp*. De acordo com o YouTube, a imagem da miniatura deve ser a maior possível, pois também será usada como imagem de visualização no player incorporado. Recomenda-se que as miniaturas tenham uma resolução de 1.280 × 720 pixels, com largura mínima de 640 pixels. Os formatos aceitos são .jpg, .gif, .bmp ou .png e o tamanho limite é de 2 MB. O YouTube recomenda a proporção de 16:9, pois é a mais usada em *players* e visualizações.

- **URL personalizado:** vai permitir que você tenha um canal com um nome como <https://www.youtube.com/marcoaureliothompson> no lugar de letras e números sem o menor sentido.

Esses são os principais *features*, e ao clicar na opção **Saiba mais** de cada um, você conhece o que fazer para ativá-lo. Para ativar URL personalizado, por exemplo, os requisitos são:

- ter 100 ou mais inscritos no canal;
- o canal ter sido criado há pelo menos 30 dias;
- o canal ter uma foto como ícone do canal;
- ter enviado uma arte do canal.

Recomendamos como primeira tarefa alcançar esses objetivos para poder personalizar a URL do canal. Na Figura 9.6, é apresentado um exemplo de canal com quase todas as *features* ativadas:

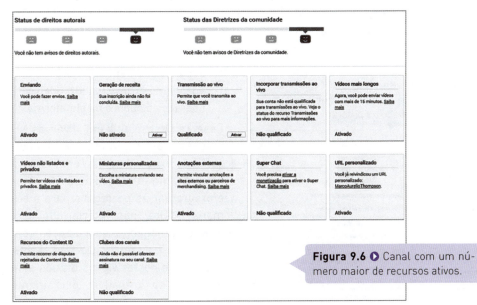

Figura 9.6 Canal com um número maior de recursos ativos.

As *features* possuem as seguintes *flags*:

- **Ativado:** o *feature* está em uso.
- **Não ativado (Ativar):** o *feature* não está em uso e tudo o que você precisa fazer é clicar em Ativar.
- **Qualificado (Ativar):** você está qualificado para o *feature*, basta clicar em Ativar.
- **Não qualificado:** você ainda não está qualificado para o *feature*, precisa clicar em **Saiba mais** para conhecer os critérios para a qualificação.

9.7.2 Como carregar um vídeo

Para publicar vídeos no YouTube, basta acessar a opção **Enviar** vídeo para *upload* ou **Transmitir ao vivo para lives** (caso esse *feature* esteja liberado):

Figura 9.7 ▶ Atalhos para as opções de *upload* de vídeo de transmissão ao vivo (live).

O procedimento é bastante intuitivo e você pode enviar mais de um vídeo por vez. Observe a lista suspensa com as opções:

- **Público**: a mais comum; todos terão acesso ao vídeo.
- **Não listado**: quer dizer que o vídeo não vai aparecer se alguém pesquisar pelo título dele. Para ter acesso, só quem conhecer o endereço do vídeo.
- **Privado:** necessita de senha, ideal para conteúdo pago ou restrito, que só será liberado para quem estiver autorizado.

Figura 9.8 ▶ Ao enviar o vídeo, é possível definir sua visibilidade: público, não listado, privado ou programado.

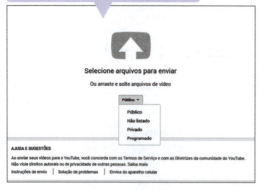

- **Programado**: em que se faz um agendamento de quando o vídeo será liberado ao público na plataforma.

Esse recurso é útil em diversas situações, pois o youtuber pode dedicar dois a três dias da semana para produzir, um ou dois dias para editar e programar as postagens para a semana inteira, não interferindo com eventuais viagens e socialização com os amigos e a família. Ou seja, o youtuber pode postar vídeos diários sem que precise trabalhar diariamente para isso.

Antes mesmo de encerrar o *upload* do arquivo de vídeo, você pode fazer a personalização, definindo título, descrição, agendar uma estreia e outras informações que devem ser preenchidas, se julgar necessário. Adicionar a *playlist* é um recurso útil para vídeos temáticos, e se houver menores no vídeo, isso precisa ser informado.

Figura 9.9 ▶ Aproveite o tempo de upload para fornecer as informações sobre o vídeo.

9.7.3 Analytics

O Analytics é o serviço de estatística do YouTube. Ele será o indicador do que você estiver fazendo certo ou errado. Acompanhar o desempenho de cada vídeo individual e do conjunto, com o tempo, vai mostrar em que você errou e em que você acertou também.

Outra informação importante diz respeito ao perfil do seu público, pois às vezes definimos intuitivamente que os vídeos são para o público x, mas o Analytics revela que o público que se interessou é o y.

Você pode visualizar o Analytics ao acessar o endereço: <https://www.youtube.com/analytics>.

9.7.4 Penalizações

Existe uma tendência mundial de recrudescimento em torno da violação dos direitos autorais e do estabelecimento de melhores regras de convivência on-line, e a plataforma YouTube é bastante sensível em relação a isso. Canais com milhares de visualizações são punidos com a perda da monetização ou removidos da plataforma por vários motivos, sendo os mais comuns a violação de direitos autorais ou o desrespeito pelas diretrizes da plataforma aplicadas ao canal.

Em Estúdio de Criação → Canal → Status e recursos, observe que parte superior tem medidores para duas métricas valiosas para o Youtube:

Figura 9.10 Cuide para não ser penalizado por violação de diretrizes da comunidade.

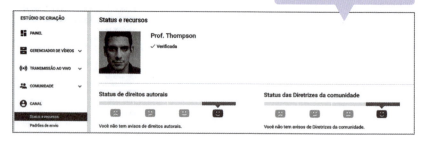

Em Status de direitos autorais, consta se você recebeu algum aviso de violação de direitos autorais e, em Status das diretrizes da comunidade, se você recebeu alguma reclamação. As diretrizes da comunidade são regras de convivência e boa conduta, as quais você pode ler aqui:

- <https://www.youtube.com/yt/about/policies/#community-guidelines>

Em relação a direitos autorais você pode ler aqui:

- <https://support.google.com/youtube/answer/2814000>

#CAPTOU? *Strike* é um termo do mundo *tuber* que significa que o youtuber recebeu alguma reclamação do canal, envolvendo direitos autorais. Três *strikes* em três meses pode levar à perda do canal, mas basta um para a plataforma ficar de olho em você e reduzir ou suspender a sua monetização. A regra geral é: não use nada que não seja de sua autoria ou autorizado explicitamente. Imagens, vídeos e músicas são os principais responsáveis pelas reclamações de direitos autorais que resultam em *strikes*.

Dê preferência à criação de canais com conteúdo 100% original. No passado, muitos youtubers cresceram usando partes de conteúdo de terceiros, mas essa prática tende a desaparecer, além do risco iminente de o canal sofrer algum tipo de punição.

Vídeos, imagens e áudios não produzidos por você pertencem a alguém, a não ser que seja material de domínio público ou o(s) autor(es) tenha(m) explicitamente autorizado o uso.

Casos em que músicas sejam usadas como trilha sonora podem reverter a monetização do vídeo para os detentores dos direitos autorais. É um tipo de punição mais branda, uma vez que o vídeo continua a ser exibido, mas a receita gerada vai para o proprietário dos direitos autorais. Essa informação é importante, pois caso ocorra de alguém piratear seus vídeos na plataforma, ao abrir uma reclamação, toda a receita da pirataria vai para você – a não ser que você prefira remover o vídeo, o que não recomendamos. Deixe-os trabalhar para você.

Fazendo sucesso no YouTube

Um caso de sucesso é o canal *Ryan Toys Review*[5], mantido pelo jovem Ryan com a ajuda de seus pais e que em maio de 2019 contava com mais de 19 milhões de seguidores. O garoto de apenas 6 anos fatura cerca de US$ 1 milhão por mês com um canal de *reviews* e *unboxing* de brinquedos. Tudo começou com o menino pedindo aos pais para aparecer no YouTube abrindo um brinquedo, assim como ele via outras crianças fazerem. Isso ocorreu em 2015, e poucos meses depois ele já aparecia na Forbes como um dos youtubers mais bem pagos do mundo.

Apesar de faturar o suficiente para comprar o brinquedo que quiser, devido ao grande número de seguidores, o jovem Ryan se dá ao luxo de receber centenas de brinquedos, gratuitamente, e decidir quais vai avaliar, não sem antes negociar um valor para fazer isso. Entre *merchandising*, remuneração direta da plataforma, patrocínio e venda de produtos personalizados, são quase R$ 4 milhões por mês na conta do jovenzinho.

Você que é pai ou mãe e tem filhos, se precisava de algum canal para se inspirar, deveria conhecer o canal do Ryan. Atualmente, o canal conta com uma produção sofisticada e efeitos, mas um smartphone mediano é tudo o que você precisa para começar algo parecido.

Mesmos os canais com milhões de seguidores começaram com poucos recursos e foram crescendo exponencialmente. O crescimento no YouTube não é linear. Muitos meses podem se passar com poucos seguidores, mas, em algum momento, eles começam a aumentar exponencialmente.

> Apesar do enorme sucesso de alguns canais, como o *Ryan Toys Review*, o amadorismo pode ser percebido na URL <https://www.youtube.com/channel/UChGJGhZ9SOOHvB-B0Y4DOO_w/>, que deveria conter o nome do canal, como /ryantoysreview.

Você precisa manter a rotina de postagens e paralelamente aprimorar suas técnicas de criação, analisar as métricas do Analytics e trabalhar

---

5   Disponível em: <https://www.youtube.com/channel/UChGJGhZ9SOOHvBB0Y4DOO_w>. Acesso em: 15 abr. 2019.

para acumular seguidores, curtidas, compartilhamentos e visualizações. No próprio YouTube existem dezenas de vídeos com dicas sobre como fazer isso. Este livro serve para ajudar a estruturar seu negócio, e as dicas de como trabalhar com o canal o próprio YouTube também pode dar.

9.9 Pedindo ajuda

Apesar de termos reunido neste livro toda a informação de que você precisa para começar, evidentemente você poderá ter várias outras dúvidas especificas sobre a plataforma, e nada melhor do que a própria plataforma para orientar. A primeira página que recomendamos é praticamente um curso para youtubers iniciantes, o *Guia de Início Rápido para o YouTube*, em:

- <https://creatoracademy.youtube.com/page/course/bootcamp-foundations>

Outra página que você precisa conhecer é a de ajuda do serviço, com dezenas de dúvidas respondidas sobre os mais diversos assuntos:

- <https://support.google.com/youtube>

Visite também a página com os critérios sobre cada tipo de receita que você poderá gerar:

- <https://support.google.com/youtube/answer/72857?hl=pt-BR>

Por falar em receita com os vídeos no YouTube, ela pode surgir de diversas formas:

- **Receita de anúncios:** é quando anúncios aparecem antes e durante a exibição dos seus vídeos. É preciso ter um grande número de avaliações para gerar uma receita minimamente satisfatória.
- **Clubes dos canais:** é um sistema de canal por assinatura em que os inscritos no canal fazem pagamentos mensais em troca do conteúdo exclusivo. Alguns youtubers mantêm canais para receita de anúncios e oferecem algo mais em canais fechados, por assinatura.
- **Canal patrocinado:** os canais patrocinados estão se popularizando, em que é possível ver a marca da empresa no cenário e os apresentadores fazendo referências ou divulgando produtos da marca.
- **Estante de produtos:** nem sempre a monetização virá do canal, mas de um produto ou serviço que você vende, sendo que o canal será usado para divulgá-lo, com link para a página de compras ou loja virtual.

- **Super chat:** é um sistema em que alguns fãs pagam para que suas mensagens apareçam em destaque no *feed* de bate-papo. Funciona assim: se o Super Chat estiver disponível para o youtuber e ativo durante a live, basta clicar no símbolo do cifrão e definir o valor que pretende pagar; parte da receita vai para o youtuber e outra parte vai para o canal. Saiba mais em <https://support.google.com/youtube/answer/7277005?hl=pt-BR.
- **Super Sticker:** parecido com o Super Chat, serve para destacar mensagens no bate-papo ao vivo. Saiba mais em <https://support.google.com/youtube/answer/9178268>.
- **Participação na receita do YouTube Premium:** com o lançamento do YouTube Premium, que é o YouTube com mensalidade para assistir aos vídeos sem anúncios e com opção de download, os youtubers perderam a receita dos anúncios, mas em compensação ganharam participação na receita do serviço premium.

Agora é seguir as orientações do livro, planejar sua estreia e começar. Não esqueça de nos enviar o link do seu canal. Queremos acompanhar seu sucesso de perto e, quem sabe, dar algumas dicas para ajudar ainda mais.

> **SE # LIGA**
>
> Você que pretende ser influenciador no Facebook deveria ler o livro *Bilionários acidentais: a fundação do Facebook* (Intrínseca, 2010, 232 p.) ou assistir ao filme *A rede social* (2010), que conta a história do surgimento do Facebook. É bom lembrar que se trata de um filme, não de um documentário. Os acontecimentos podem não ser exatamente como aparecem no filme, mas a essência está lá.

O Facebook é uma rede social de uso geral criada em 2004 por Mark Zuckerberg com a ajuda dos seus colegas de quarto da faculdade, Dustin Moskovitz, Chris Hughes e o brasileiro Eduardo Saverin.

O Facebook é uma das empresas mais valiosas do mundo, com mais de 2 bilhões de usuários. Seu valor de mercado é maior que o da Petrobras e da Vale juntas, com quase a metade do número de funcionários, sendo que Google vale mais do que as três juntas. Esses números impressionam porque tanto o Google quanto o Facebook não produzem nada, são programas de computador.

Tabela 10.1 ▸ Valor de mercado

	PETROBRAS	VALE S/A	FACEBOOK	GOOGLE
Valor (em bilhão – US$)	96	66	475	817
Empregados	62.703	73.596	35.587	85.050
Valor da ação (em R$)	28,06	51,23	653,92	4.616,88

Fonte: adaptado de Wolfram Alpha (2019).

Nessa rede social, você pode criar perfis, grupos e páginas de fãs. A plataforma aceita os mais diversos tipos de conteúdo, incluindo arquivos que podem ser armazenados nos grupos.

Declaradamente concorrente do YouTube, costuma ocorrer de, se algum vídeo do YouTube for compartilhado, o algoritmo do Facebook cuidará de reduzir seu alcance. É quando 1 + 1 será menor que 2. Na prática, isso evita que a plataforma seja usada para impulsionar a concorrente, mas basta o influenciador, em vez de compartilhar, publicar o vídeo de forma independente em cada uma delas.

10.1 Contas padrão

Neste livro, vamos tratar da conta padrão, com capacidade para até 5 mil seguidores. A partir desse número, o influenciador precisa criar uma página de fãs (*fanpage*), que tem número ilimitado de seguidores. Essa página tem recursos que a página de perfil não tem, principalmente os recursos relacionados às métricas, que são usadas para acompanhar o desempenho do canal, lembrando que canal é o meio para a mensagem.

O objetivo da conta de perfil e da *fanpage* é o mesmo, obter seguidores, curtidas, comentários e compartilhamentos. A monetização direta não é tão transparente quanto a do YouTube, pois nem todo viral que você fizer vai monetizar.

Em relação ao filtro de conteúdo, o Facebook tem se tornado cada vez mais rigoroso, banindo fotos de crianças na praia e tirando o áudio de vídeos com músicas. Isso quer dizer que até um vídeo de uma festa de aniversário poderá ter parte do áudio silenciado em nome da proteção aos direitos do autor.

10.1.1 Criação de conta

Para criar uma conta no Facebook, acesse <www.facebook.com> e informe os dados solicitados, ou seja, nome, sobrenome, número de telefone celular ou e-mail, senha, data de nascimento e o gênero:

Figura 10.1 ▷ Página inicial do Facebook.

Como medida de segurança, você vai precisar vincular sua conta a um número de celular, um procedimento importante que mostrará sua utilidade quando você esquecer sua senha ou invasores de computador tentarem roubar o perfil. Habilitando a autenticação em duas etapas, as chances de alguém se apropriar do perfil reduzem bastante. Essa dica vale para qualquer cadastro que permita ativar a autenticação em duas etapas. Ela funciona enviando para o celular um código que deverá ser usado para concluir certas operações.

> Mesmo que inicialmente você não informe um número de telefone celular válido, em algum momento o Facebook vai pedir um número e a conta poderá ser bloqueada se você não resolver isso.

SE LIGA # Na mesma página em que é possível criar a conta do perfil também podemos criar uma página de celebridade, banda ou empresa. Basta clicar na opção na parte de baixo do formulário de cadastro.

É comum encontrarmos em computadores públicos páginas do Facebook abertas no perfil do usuário. Se alguém tentar alterar a senha e a autenticação em duas etapas estiver ativada, a mudança só será possível informando o código enviado para o celular.

Uma vez enviado o formulário de cadastro, você receberá por e-mail ou no celular um código que precisa ser informado antes de prosseguir:

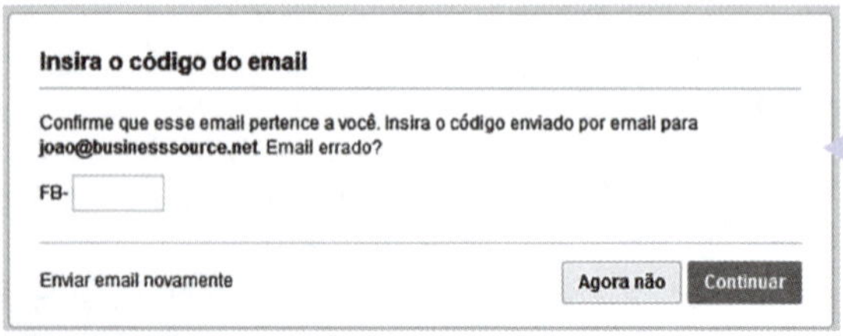

Figura 10.2 ◗ Tela de inserção de código para dar continuidade ao cadastro.

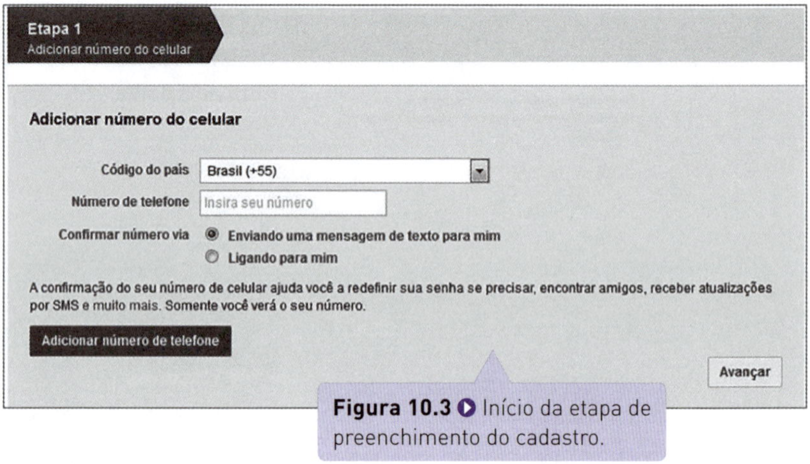

Figura 10.3 ◗ Início da etapa de preenchimento do cadastro.

10.1.2 Personalizando o Facebook

SE LIGA # Todas as redes sociais mantêm páginas de ajuda com respostas para as perguntas mais comuns. A do Facebook fica em <https://www.facebook.com/help/basics>.

Com a conta de perfil criada, o próximo passo é fazer alguns ajustes de configuração. O Facebook possui dezenas de recursos, mas você só precisa das configurações básicas para iniciar. Clique sobre o seu nome de usuário para ter acesso à página do perfil.

Figura 10.4 ◐ Aparência da página inicial após a criação da conta do perfil.

10.1.3 Edição de perfil

O próximo passo é clicar em Editar perfil, em que você poderá escrever uma minibiografia com até 101 caracteres, selecionar as fotos que ficarão em destaque e acessar a seção Sobre. Nela, você poderá incluir informações sobre:

- local de trabalho;
- instituição de ensino;
- cidade atual;
- cidade natal;
- *status* de relacionamento;
- data de nascimento;
- informações básicas e de contato; entre outras.

Você não precisa preencher, mas vai perceber que o Facebook solicita dezenas de informações pessoais, incluindo time desportivo do coração, prato preferido, livros lidos, filmes, músicas e bandas que gosta de ouvir, tudo para criar seu perfil de consumidor que depois será usado para selecionar anúncios e conteúdos que serão exibidos para você.

Após alimentar seu perfil com informações sobre você, é preciso acessar a página de configurações. Você pode acessá-la clicando em Configurações ou usando o link direto <https://www.facebook.com/settings>.

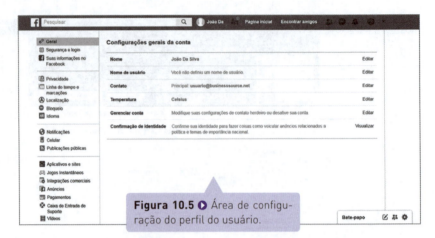

Figura 10.5 ▶ Área de configuração do perfil do usuário.

Em Configurações gerais da conta, os itens que merecem nossa atenção são:

- **Nome de usuário:** que você só poderá criar se vincular sua conta a um número de telefone celular. Criando um nome de usuário, poderá ter uma URL mais amigável, como <www.facebook.com/marcoaureliothompson> ou <www.fb.com/marcoaureliothompson>. Sem o nome de usuário, a URL do seu perfil terá um monte de letras e números.

- **Gerenciar conta:** você poderá incluir alguns amigos que serão consultados caso você perca a sua conta para um invasor. Nessa mesma opção, é possível Desativar ou Excluir a conta. Esse recurso é útil quando, por um motivo qualquer, o perfil começa a ser atacado, prejudicando a marca pessoal. O melhor a fazer é desativar a conta temporariamente. Observe que nos casos de crimes, como o de injúria racial, não adianta excluir a conta porque mesmo que a página não apareça, o Facebook manterá o conteúdo à disposição das autoridades por vários meses.

- **Confirmação de identidade:** é um procedimento praticamente obrigatório na conta de quem pretende ser influenciador, pois sem essa confirmação a conta terá uma série de restrições, não podendo, inclusive, impulsionar *posts* ou colocar anúncios.

Figura 10.6 ▶ A página de fãs é criada clicando em Criar Página.

Partindo dessas configurações gerais, não só é possível, como altamente recomendável, fazer ajustes nas demais configurações, principalmente nas configurações relacionadas à privacidade e à segurança, ou seja, **Segurança e login**, **Privacidade** e **Linha do tempo**.

O ideal é que o influenciador tenha um perfil no Facebook exclusivo para suas estratégias como *influencer*, evitando usar o mesmo perfil para a família. Caso queira manter um único perfil, basta atentar para as permissões de visualização, separando o que é exclusivo da família, o que é para ser visto só pelos amigos e o conteúdo público. Não recomendamos essa configuração, porque é muito fácil esquecer de marcar corretamente a visibilidade do *post* e vai acabar enviando mensagens familiares para todo mundo.

O perfil no Facebook precisa ser tratado como um negócio, separado da conta dos amigos e dos familiares.

10.2 Influenciando no Facebook

Tudo começa com a adição de seguidores. Logo nos primeiros capítulos deste livro você definiu seu público-alvo, sua missão etc. Chegou a hora de colocar isso em prática, mas primeiro você precisa de seguidores.

Inicialmente, você precisa conquistar tudo de forma orgânica, ou seja, os seguidores, as curtidas, os compartilhamentos e os comentários, pois seu objetivo no Facebook será esse, mais ou menos nessa ordem.

> Existem diversas estratégias para conseguir seguidores, incluindo a compra de seguidores em sites de leilão. Mas não faça isso. Seguidores comprados nem sempre são pessoas reais; às vezes são programas de computador (*bots*).

Vamos indicar uma técnica simples para conseguir seguidores no Facebook, mas não se limite a ela. Pesquise na internet como conseguir seguidores no Facebook e terá centenas de links com sugestões para testar.

Uma estratégia fácil de executar é começar adicionando seus amigos mais próximos. Depois, você vai atrás dos amigos dos amigos. Depois dos amigos dos amigos dos amigos. Se começar com apenas 50 amigos e mais 10 amigos dos amigos, conseguirá povoar com 550 seguidores seu perfil. Conquistando mais 10 amigos dos amigos dos amigos, alcançará o limite de 5 mil seguidores em poucos dias, considerando que trabalhou em 50 amigos por dia, de cada vez.

O comportamento dos seguidores no Facebook é exponencial. Quando você está com cerca de 3 mil seguidores em diante é muito rápido chegar a 5 mil. Chegando aos 5 mil seguidores, o próximo passo é criar (ou ativar) uma *fanpage*. É a primeira opção da lista.

Outra estratégia envolve a criação de um grupo de interesse. Você cria o grupo, alimenta com conteúdo e sai em busca de grupos do mesmo tipo angariando visitantes, atraindo-os para que façam parte do seu grupo.

Participantes de grupos são extremamente "interesseiros". Se o grupo não fornecer conteúdo útil, eles nem entram, e se entraram, em pouco tempo irão embora.

Lembre-se das nossas orientações iniciais e crie grupos que possam interessar a eventuais anunciantes.

Página do perfil, página de fã e grupos são os principais recursos com os quais o influenciador poderá contar no Facebook.

10.3 Formato das imagens no Facebook

Você pode iniciar com a personalização da página, adicionando uma capa e uma foto, conforme os formatos indicados a seguir:

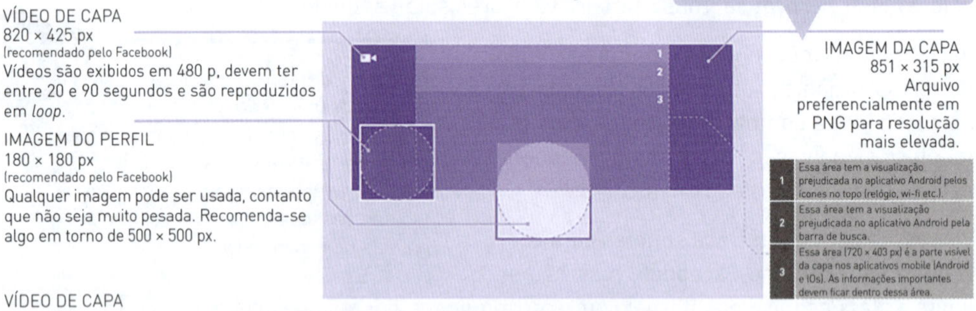

Figura 10.7 ◉ Formatos de vídeos, imagens e orientações para perfil pessoal.

VÍDEO DE CAPA
820 × 425 px
(recomendado pelo Facebook)
Vídeos são exibidos em 480 p, devem ter entre 20 e 90 segundos e são reproduzidos em *loop*.

IMAGEM DO PERFIL
180 × 180 px
(recomendado pelo Facebook)
Qualquer imagem pode ser usada, contanto que não seja muito pesada. Recomenda-se algo em torno de 500 × 500 px.

IMAGEM DA CAPA
851 × 315 px
Arquivo preferencialmente em PNG para resolução mais elevada.

1 Essa área tem a visualização prejudicada no aplicativo Android pelos ícones no topo (relógio, wi-fi etc.).
2 Essa área tem a visualização prejudicada no aplicativo Android pela barra de busca.
3 Essa área (720 × 403 px) é a parte visível da capa nos aplicativos mobile (Android e iOS). As informações importantes devem ficar dentro dessa área.

VÍDEO DE CAPA
820 × 312 px
(recomendado pelo Facebook)
Vídeos são exibidos em 480 p, devem ter entre 20 e 90 segundos e são reproduzidos em *loop*.

IMAGEM DO PERFIL
180 × 180 px
(recomendado pelo Facebook)
Qualquer imagem pode ser usada, contanto que não seja muito pesada. Recomenda-se algo em torno de 500 × 500 px.

IMAGEM DA CAPA
820 × 312 px
Arquivo preferencialmente em PNG para resolução mais elevada.

1 Essa área (720 × 403 px) é a parte visível da capa nos aplicativos mobile (Android e iOS). As informações importantes devem ficar dentro dessa área.

Figura 10.8 ◉ Formatos de vídeos e imagens para página (fanpage).

Figura 10.10 ◉ Formato de imagem para divulgação de eventos.

820 x 250px

500 x 262px

Figura 10.9 ◉ Formato de imagem para grupos de discussão.

O LinkedIn foi lançado em 2003 e adquirido pela Microsoft por US$ 26,2 bilhões, em junho de 2016. Possui mais de meio bilhão de usuários em mais de 200 países e é uma rede social cujo objetivo são as relações profissionais. Se você entra no Facebook para ver de tudo um pouco, no LinkedIn a conversa é outra: é um ambiente para estabelecer e estreitar laços profissionais. Pessoas divulgam seus currículos em busca de oportunidades ou apenas para se manterem visíveis para o mercado de trabalho. Empresas divulgam vagas e realizações que surgiram, falam sobre como é bom trabalhar lá, por exemplo. Empresas ofertam vagas de trabalho e divulgam as realizações que interessem aos *stakeholders* (públicos de interesse). Para influenciar no LinkedIn, você precisa ter uma oferta relacionada a emprego e renda.

Os contatos no LinkedIn são chamados de conexões, e entre as ações possíveis, além da mensagem direta, como a que vimos no Twitter, existe a possibilidade de registrar no perfil de outros usuários as suas habilidades profissionais.

Primeiros passos

Ao entrar em <www.linkedin.com> pela primeira vez, você é apresentado à tela de cadastro, primeiro passo para a criação do perfil.

Figura 11.1 ◗ Tela inicial do LinkedIn.

Da mesma forma que ocorre com outras redes sociais, você vai precisar informar um número de telefone celular para fazer o cadastro. Sempre que houver a opção de usar o número do celular, dê preferência a ela, pois aumenta a segurança, caso seja ativada a autenticação em duas etapas.

A autenticação em duas etapas consiste em usar o celular para ajudar a recuperar senhas perdidas e para aumentar a segurança de sua conta. Caso alguém descubra a sua senha e tente mudá-la, a plataforma enviará um código de segurança por meio de mensagem SMS, e apenas quem estiver com o celular cadastrado poderá fazer a mudança de senha, entre outras operações.

Uma vez criado o cadastro, você deve fazer personalizações, como inserir uma imagem de perfil, uma capa, sua minibiografia e demais configurações de segurança de acordo com as suas necessidades.

Figura 11.2 ⓞ Barra de ferramentas do LinkedIn.

Na barra superior temos:

- **Pesquisar:** é onde será possível pesquisar por pessoas, empresas e assuntos, como vagas de emprego, por exemplo.

- **Início:** remete à página inicial, em que será possível escolher entre **Comece uma publicação** e **Escreva um artigo**.

Figura 11.3 ⓞ Caixa de diálogo para fazer uma publicação, que pode ser texto, imagem, vídeo ou arquivo.

Em Comece uma publicação, você poderá publicar textos, geralmente curtos, além de fotos, imagens e vídeos em diversos formatos e arquivos, com extensão ppt, pptx, doc, docx e pdf. Se optar por escrever um artigo, será direcionado para a página de um editor de textos on-line e poderá formatar a fonte e inserir imagens junto ao texto, se quiser. Basicamente é isso. As publicações são textos simples, sem formatação, e os artigos são textos maiores, formatados, podendo ou não incluir imagens para ilustrar.

Ainda na página inicial, você visualiza as postagens das suas conexões e algumas promovidas, podendo curtir, comentar e compartilhar.

- **Minha rede:** são as suas conexões. Tente atingir no mínimo 501 conexões, que é o número mágico do LinkedIn. Ter menos de 501 conexões vai tornar o seu perfil um pouco "pálido", e se a intenção for influenciar nessa plataforma, isso não é nada bom.

É muito fácil conseguir conexões no LinkedIn. Além da opção de importar os contatos da(s) sua(s) conta(s) de e-mail, você pode clicar em Conectar de todas as sugestões que o LinkedIn fizer para você (desde que faça sentido

se conectar a elas, claro). Em poucos dias, conseguirá ultrapassar as 500 conexões e a partir daí pode dar mais atenção ao conteúdo, deixando que as pessoas venham até você, pedindo que as aceitem em sua rede de conexões. Para que isso ocorra, você precisa criar e compartilhar conteúdo de qualidade. Dar boas referências sobre as pessoas que você conhece é uma forma de atrair a reciprocidade, para que elas também façam recomendações positivas sobre você.

Você pode se conectar com empresas, e se a intenção é usar o LinkedIn para procurar emprego ou se manter atualizado sobre vagas e o mercado de trabalho, comece pesquisando e conectando-se ao maior número possível de empresas do seu setor. Assim, estará sempre informado, e se houver vaga em alguma empresa, poderá se candidatar pelo LinkedIn mesmo.

- **Vagas:** você pode tanto pesquisar quanto anunciar vagas, caso tenha uma empresa e esteja contratando funcionários. A vantagem de usar o LinkedIn é que empregado e empregador poderão ver o perfil um do outro e saber sobre a pessoa mais do que apenas o currículo consegue dizer. Mas não se engane: as empresas também estão buscando informações em outras redes sociais, principalmente o Facebook. De nada adianta se mostrar sério e respeitoso no LinkedIn se o Facebook estiver repleto de mensagens, imagens e vídeos questionáveis.

Figura 11.4 ▶ Ao clicar em Eu, na barra de ferramentas, tem-se acesso às opções de configuração, gerenciamento e privacidade da conta.

- **Mensagens:** é a área destinada a responder as mensagens recebidas. Você pode enviar mensagem para qualquer pessoa das suas conexões apenas clicando sobre o perfil e em enviar mensagem.

- **Notificações:** nesse espaço, você é atualizado a respeito de aniversariantes, quem citou você, quem mudou de cargo ou trocou de emprego, quem fez comentários em suas postagens etc.

- **Eu:** nessa opção, você tem acesso rápido ao seu perfil, onde poderá personalizar as Configurações e privacidade, acessar a Central de ajuda, mudar o idioma da interface e gerenciar as Publicações e as atividades, os Anúncios de vaga e a página da empresa, se tiver criado alguma. A opção Sair sempre deve ser usada quando encerrar o uso do LinkedIn. Isso evita, por exemplo, o risco de alguém acessar a sua conta a partir de máquinas públicas ou até mesmo no escritório, aproveitando-se da sua ausência.

- **Soluções:** o LinkedIn disponibiliza uma série de recursos que, se bem explorados, aumentarão consideravelmente o potencial de influência que você ou a sua empresa terão na plataforma.

Lembre-se de que o perfil do usuário do LinkedIn é formado por pessoas e empresas e gira em torno de vagas, cargos e salários. As empresas querem conseguir no LinkedIn os melhores profissionais. As pessoas querem saber como está o mercado, quais profissões estão em alta, como estão os salários, onde tem vagas.

Use algum tempo para conhecer e experimentar as diversas soluções do LinkedIn, algumas pagas, outras gratuitas, como:

- *Learning*: permite o acesso a cursos, geralmente de curta duração. Você poderá criar os seus próprios cursos, acessando **Torne-se um instrutor** no final da página.
- *Insights*: (página em inglês) é indicado para quem precisa conhecer números, gráficos e estatísticas que deem apoio a decisões.
- **Anunciar vaga:** empresas podem anunciar vagas e receber *feedback* imediato dos perfis que atendem aos critérios desejados. Eventos, produtos, serviços, podem ser anunciados em **Veicular anúncio**.
- **Grupos:** podem ser criados para reunir empregados, estudantes e pessoas em torno de um mesmo assunto.
- **ProFinder:** permite encontrar um profissional para um trabalho eventual ou temporário e *freelancers*, por exemplo (página em inglês).
- *Salary*: ainda não está disponível no Brasil, mas é um local para poder comparar salários, saber quanto estão pagando para o cargo ou a função que você está ocupando ou em busca de colocação.
- **Slideshare**[1]: é um repositório de arquivos criados em PowerPoint. Você tanto pode contribuir com os *slides* daquela palestra ou apresentação que fez na empresa ou faculdade, como pode se beneficiar das milhares de apresentações disponíveis, para aprender ou se inspirar.

Figura 11.5 Acesso rápido a Soluções do LinkedIn.

---
1 Disponível em: <https://pt.slideshare.net>. Acesso em: 3 jun. 2019.

O LinkedIn possui duas formas de acesso: básica e *premium*.

A conta Basic (gratuita) destina-se a todos que desejam criar e manter um perfil profissional on-line. Permite:

- criar um perfil profissional na plataforma;
- localizar e manter contato com colegas de classe e de trabalho;
- solicitar e fornecer recomendações;
- pesquisar e visualizar perfis de outros usuários;
- receber mensagens de InMail ilimitadas;
- salvar até três pesquisas e receber alertas semanais sobre elas.

A assinatura Premium tem várias opções para atender às diferentes necessidades do profissional ou empresa:

- *Career* (carreira): para que o candidato tenha destaque nas buscas realizadas pelos recrutadores.
- **Negócios:** para profissionais e empresas em busca de parcerias.
- **Vendas:** para profissionais em empresas com algum produto ou serviço a oferecer, geralmente relacionado ao desenvolvimento profissional.
- **Contratação:** indicado para empresas em busca de talentos.

11.2 Perfil corporativo

O LinkedIn também permite a criação de perfis corporativos ou páginas empresariais. Ao clicar em **Soluções** → Serviços Empresariais do LinkedIn, logo abaixo aparecerá a opção **Crie uma Company Page**. Compare a URL do perfil pessoal e empresarial:

SE LIGA Para remover sua conta do LinkedIn, é preciso entrar em contato com o suporte técnico. Não há uma opção ou um botão que peça ou faça essa remoção de forma automática na plataforma.

- **Perfil pessoal:** <https://www.linkedin.com/in/nome_do_usuario>
- **Company page:** <https://www.linkedin.com/company/nome_do_usuario_corporativo>

A página da empresa é gerenciada a partir da conta do usuário.

11.3
Monetização

Assim como acontece com todas as redes sociais, para monetizar no LinkedIn você precisa de um número considerável de conexões, ter boas recomendações, *posts* e artigos comentados, curtidos e compartilhados. Só depois disso é que você pode pensar em entrar em contato com empresas e agências para monetizar o seu trabalho, passando a cobrar por resenhas, *posts*, fotos e qualquer outro tipo de publicação paga.

A monetização não se restringe à monetização por publicação. Por se tratar de uma rede social majoritariamente formada por pessoas em busca de oportunidades no mercado de trabalho, qualquer produto, mercadoria ou serviço que as ajude a conseguir o que querem tem boas chances de sucesso no LinkedIn. Como exemplo, podemos citar:

- aulas particulares (de idiomas por exemplo);
- *coaching*;
- consultoria;
- elaboração de currículos;
- eventos;
- fotografia profissional;
- gráfica rápida;
- livros;
- mentoria;
- palestras;
- papelaria;
- preparação para entrevista de empregos;
- seminários;
- treinamento presencial e on-line;
- webterapia.

> #SE LIGA
> A influenciadora Débora Alcantara escreveu um excelente artigo sobre as possíveis formas de o influenciador monetizar. Leia o artigo *Como os influenciadores ganham dinheiro?*, disponível em <https://www.linkedin.com/pulse/como-os-produtores-de-conteúdo-ganham-dinheiro-débora-alcantara/>.

São muitos os produtos e serviços que interessam aos perfis do LinkedIn. Ele reúne um público profissional e empresarial qualificado que pode ser alcançado com baixo ou nenhum custo, e quanto maior for o alcance da influência digital, maiores serão as chances de conseguir vender.

11.4
Formatos para divulgação

Os formatos das imagens usadas para divulgação no LinkedIn são os seguintes:

Figura 11.6 ▶ Formatos de imagens para perfil pessoal.

FOTO DE CAPA
1.584 × 396 px
Área visível: 1.350 × 220 px

AVATAR
130 × 130 px
Pode-se usar qualquer imagem, mas se deve atentar para o fato de que ela ficará em um círculo.

Figura 11.7 ▶ Formatos de imagens para perfil corporativo.

FOTO DE CAPA
1.584 × 396 px
Área visível: 1.350 × 220 px

AVATAR
130 × 130 px

Figura 11.8 Formatos de imagens para posts.

POST COM IMAGEM
520 × 320 px

POST COM LINK
520 × 272 px

Vamos treinar? # As imagens para uso no LinkedIn podem ser facilmente produzidas no Canva, que possui tutoriais guiados para cada rede social. O tutorial de criação para o LinkedIn está disponível em <https://www.canva.com/pt_br/criar/banners/linkedin/>. Faça testes e brinque com as possibilidades.

12.1 O QUE É?

O Guia Locais Google (ou Local Guides) é a forma mais rápida e fácil para alguém se tornar influenciador digital em pouco tempo. Talvez você não tenha reparado, mas quando pesquisamos por empresas, negócios, locais ou pontos turísticos, é comum aparecer na parte direita da tela comentários sobre o local.

Tomando como exemplo o Mercado Modelo, conhecido ponto turístico de Salvador (BA), é possível ver na Figura 12.1 a pontuação representada pelas estrelas.

De acordo com a página de suporte do Google (2019a):

O Local Guides é uma comunidade global de exploradores que escrevem comentários, compartilham fotos, respondem a perguntas, adicionam ou editam lugares e verificam fatos no Google Maps. Milhões de pessoas contam com contribuições como as suas para decidir para onde ir e o que fazer.

Figura 12.1 ◐ Exibição de avaliação no Local Guides.

Figura 12.2 ◐ Exibição de comentários e avaliações.

Os comentários podem ser publicados por qualquer pessoa e servem como referência para quem for ao local, para saber o que o aguarda.

12.2 Como funciona?

Apesar de os comentários serem livres, o Google dá atenção especial para quem quer se dedicar a fazer comentários de forma constante e profissional. Quem se cadastra para fazer isso recebe o título de Guia Local Google, como se fosse um guia turístico ou correspondente local. Esse guia ganha pontos, é informado antecipadamente sobre lançamentos e é convidado para testar novos produtos.

> [...] Para participar, basta ter mais de 18 anos e possuir uma conta Google [...] quem participa do programa pode responder a perguntas, adicionar ou corrigir locais e escrever comentários sobre eles no Google Maps. O objetivo é facilitar a vida de quem viaja ou não conhece o local e deseja mais informações. (OLHAR DIGITAL, 2017)

A Política da Comunidade disponibilizada na página de ajuda do Guias Locais é bastante esclarecedora. Da mesma forma que só existe um YouTube e um Facebook, só existe um Guia Locais Google. Se decidir fazer parte do programa, faça com seriedade e informe-se sobre a política da comunidade para não se encrencar. Inocência e intenção não fazem diferença quando algo dá errado. Sublinhamos trechos importantes da Política da Comunidade que precisam ser considerados para você não ser expulso do programa:

> **O que significa ser um Local Guide**
> Os Local Guides são as pessoas que dão vida ao Google Maps. Eles escrevem avaliações, postam fotos e reúnem fatos que tornam mais fácil, atraente e divertido explorar o mundo. O selo ⊕ simboliza conhecimento prático e um compromisso de compartilhar experiências diárias que contribuem para as pessoas tomarem decisões em tempo real no mundo todo. [...] Os Local Guides recebem o selo quando realizam contribuições consistentes que expressam esses valores. Veja as diretrizes abaixo para evitar sua exclusão do programa.
>
> **Compartilhe avaliações e dicas interessantes**
> Atente-se aos detalhes. Sempre inclua informações interessantes sobre um lugar e sobre sua experiência. Evite comentários vagos, genéricos e repetitivos, como avaliações que contenham apenas as palavras "satisfatório", "bom" ou "delicioso". Descreva o ambiente, o design, o clima, os pontos positivos e/ou negativos e as especificidades relevantes. [...] Os Local Guides que copiarem avaliações e as usarem em vários locais serão excluídos do programa.

Tire fotos que representem um local com clareza e precisão
As fotos ajudam a contar a história de um lugar. Para isso, é importante que as imagens sejam relevantes e estejam em foco. Aproveite a luz natural, tente capturar ângulos diferentes antes de fazer o upload das melhores opções e diminua o zoom o suficiente para capturar por completo aquilo que você está fotografando. [...] Fotos escuras, desfocadas e redundantes serão removidas. <u>Os usuários que copiarem fotos e as usarem em vários locais ou que postarem imagens que violam direitos autorais também serão removidos.</u>

Seja confiável
As contribuições precisam ser feitas com base em <u>experiências e informações reais</u>. Edições intencionalmente falsas, fotos copiadas ou roubadas, respostas fora do tópico, linguagem difamatória, ataques pessoais e edições desnecessárias ou incorretas violam nossa política. Se você identificar esse comportamento, denuncie-o.
Os usuários que abusarem dessa confiança serão removidos do programa Local Guides. (GOOGLE, 2019b, grifo nosso)

Quanto maior for a sua participação, mais pontos você receberá e subirá de nível. A cada nível, novos benefícios aguardam por você:

Tabela 12.1 ▶ Benefícios

CONTRIBUIÇÃO ENVIADA AO MAPS	PONTOS GANHOS
Avaliação	10 pontos por avaliação
Avaliação com mais de 200 caracteres	10 pontos de bônus por avaliação
Classificação	1 ponto por classificação
Foto	5 pontos por foto
Vídeo	7 pontos por vídeo
Resposta	1 ponto por resposta
Responder a perguntas	3 pontos por resposta
Editar	5 pontos por edição
Lugar adicionado	15 pontos por lugar adicionado
Via adicionada	15 pontos por via adicionada
Fato verificado	1 ponto por fato checado

Fonte: Google (2019c).

A soma dos pontos resulta em selos e determina seu nível no Guias Locais. Na versão anterior, os níveis iam de 1 a 5, agora vão de 1 a 10:

Tabela 12.2 ▶ Níveis do Local Guides

NÍVEL	PONTOS	SELO
Nível 1	0 pontos	Nenhum selo
Nível 2	15 pontos	Nenhum selo
Nível 3	75 pontos	Nenhum selo
Nível 4	250 pontos	◆
Nível 5	500 pontos	★
Nível 6	1.500 pontos	★
Nível 7	5.000 pontos	★
Nível 8	15.000 pontos	★
Nível 9	50.000 pontos	★
Nível 10	100.000 pontos	★

Estudantes, jornalistas, críticos e profissionais de Turismo são os públicos que mais se beneficiam com o Google Local Guides.

Fonte: Google (2019c).

Benefícios

Quando você participa do programa Guia Locais Google e sobe de nível, além da satisfação de poder contribuir com a sua opinião na avaliação de empresas, pontos turísticos e locais, recebe também algumas recompensas que mudam de tempos em tempos.

Boletim informativo, acesso a produtos Google antes de serem liberados ao público, espaço extra de armazenamento no Google Drive, cortesias na Google Play, Hangouts e convites para eventos são alguns dos benefícios como resultado da sua participação no Guia Locais.

Após ser aprovado no programa e ter acumulado alguns selos, nada impede você de imprimir cartões de visita e se apresentar como Guia Local Google em bares, restaurantes e outros locais que frequentar. A tendência é que você receba um tratamento VIP e alguns mimos, podendo pedir, inclusive, para conhecer melhor a empresa e fotografar a cozinha ou a comida, por exemplo. Fotos exclusivas lhe renderão alguns pontos na sua classificação.

Outra fonte de pontuação é a inclusão de novos locais. Alguns guias comentam que é bem divertido reservar algumas horas por semana para conhecer e cadastrar novos locais e avaliar outros já cadastrados.

Observe que, ao se apresentar como Guia Locais Google, você não pode insinuar, afirmar ou dar a entender que é funcionário ou possui vínculo empregatício com o Google, caso não tenha.

É importante frisar que a empresa se reserva o direito de remover conteúdo, suspender contas ou buscar outra ação legal contra quem afirmar representar ou possuir vínculo empregatício com o Google sem o ter.

A melhor forma de lidar com isso é se apresentar como Guia Locais voluntário, colaborador sem vínculo empregatício ou não citar a Google, embora seja fácil verificar seu vínculo de colaborador visitando seu perfil.

Conteúdo proibido e restrito

A relação entre o Guia Locais e o Google é de confiança, e você precisa estar atento para não violar alguma diretriz que resulte em seu afastamento do programa. Essas diretrizes estão na página de suporte[1], e recomendamos sua leitura com atenção.

O Guia Locais Google é um local divertido para você aprender a influenciar. Não existe qualquer tipo de remuneração para os guias, além dos benefícios eventuais de acordo com o nível de classificação.

Ser reconhecido como Guia Locais Google, e essa informação aparece junto às suas indicações de locais, já traz benefícios inesperados que só quem é um guia vai conhecer.

Dicas para escrever ótimos comentários

O Google (2019d) sugere algumas dicas para melhorar a qualidade dos comentários. Bons comentários recebem muitas curtidas, que é o que você precisa para sua reputação crescer. Entre as sugestões da empresa, destacamos:

---

[1] Disponível em: <https://support.google.com/local-guides/answer/7400114?hl=pt-BR>. Acesso em: 22 maio 2019.

- informe e esclareça com objetividade;
- seja o mais honesto possível com as suas descrições;
- evite escrever sob influência de uma experiência ruim, que pode ser pontual e não corresponder à realidade do local;
- mantenha o respeito mesmo diante de experiências negativas;
- seja específico em seus comentários, e mesmo se houver pontos falhos, procure contrapor com algo positivo que o lugar oferece. Uma experiência ruim com um atendente mal treinado não desabona o sabor do prato, a decoração e a vista proporcionada pelo local;
- desenvolva um estilo próprio de escrever. Alguns se tornam exageradamente críticos, e apesar de este também ser um estilo, o exagero pode causar o efeito contrário.

Como iniciar como Guia Locias Google em apenas dez minutos

1. Crie uma conta Google, caso não tenha nenhuma:
    - <https://myaccount.google.com/intro?hl=pt-BR>
2. Faça o cadastro no Guia Locais, em:
    - <https://maps.google.com/localguides>
3. Comece a fazer indicações agora mesmo. Você pode pesquisar no Google um local que conheça ou visitou recentemente e começar a avaliar. Se tiver fotos e vídeos de viagem, é ainda melhor. As atividades que você pode fazer são:
    - avaliações;
    - classificações;
    - fotos;
    - respostas;
    - lugares adicionados;
    - edições;
    - informações verificadas;
    - vídeos;
    - perguntas e respostas.

E então? O que está faltando para você se tornar o próximo Guia Locais?

Cuidados legais

PARTE 3

13
Como lidar com *haters*, *trolls* e outros bichos

Todos os que se *atrevem* a aparecer na internet – e nem precisa ser influenciador – estão sujeitos a receber ataques pessoais, que se manifestam de diversas formas, muitas das quais são tipificadas na legislação brasileira como crime.

Somos pessoas boas, porém capazes das piores maldades, e a internet, por conta da sensação de impunidade e do pseudoanonimato, favorece a prática de todo tipo de ataque contra as pessoas.

Apesar de se popularizarem na internet, detratores não são nenhuma novidade; infelizmente, eles sempre existiram. Os detratores modernos ganharam nomes americanizados, como *hater* (odiador) e *troll*, personagem do folclore escandinavo, que na internet se refere a pessoas cujo objetivo é enfurecer e outras provocar discussões.

A principal diferença entre eles é que, enquanto o *hater* tem como alvo geralmente uma pessoa ou grupo, o *troll* tem por objetivo provocar uma discussão, fomentando o ódio e colocando uns contra os outros. O *hater* pode ou não ser alguém conhecido da vítima; o *troll* geralmente não é – as vítimas são aleatórias.

Por qual motivo alguém perderia tempo proferindo ataques pessoais ou enfurecendo as pessoas na internet? Os motivos são vários, e um deles é falta de coisa melhor para fazer. Mas não se pode subestimar ou achar que *trolls* e *haters* são apenas desocupados. Por trás de cada perfil pode se esconder um desafeto; um concorrente desleal; alguém com distúrbios psíquicos; um golpista; um mercenário pago para atacar; alguém com inveja, que gostaria de estar no lugar do influenciador e passa a detestá-lo como se ele tivesse roubado seu lugar; alguém do passado do influenciador, como um romance mal resolvido, um funcionário rancoroso ou um cônjuge ciumento; alguém disputando o mesmo cargo político... Enfim, são muitos os possíveis perfis dos *haters*.

Há casos de fãs que transformam o amor em ódio e, muitas vezes sem motivos, aquele que era o maior admirador se tornar o maior odiador. Temos como exemplo o perseguidor da apresentadora e modelo Ana Hickmann, que, por não ser correspondido, arquitetou um plano para assassinar a apresentadora, algo que quase ocorreu se não fosse o cunhado da modelo intervir, resultando em um final trágico.

Sobre isso, sugerimos a todo influenciador assistir ao filme *Eu compartilho. Eu gosto. Eu sigo.* (2017), em que, apesar do cuidado que o personagem teve para não se envolver com as seguidoras, não foi o suficiente para livrá-lo de uma *stalker* (perseguidora).

Outro filme bastante instrutivo para quem pretende se tornar influenciador é o *Bullying virtual* (2011), sobre uma garota que sofre assédio virtual após ganhar um computador e se conectar às redes sociais. Já no filme *Buscando* (2018), você poderá acompanhar a angústia de um pai à procura da filha desaparecida, a partir de pistas encontradas nas redes sociais.

Esses filmes são didáticos no sentido de dramatizar casos reais e demonstrar as motivações e as estratégias usadas pelos perseguidores, bem como as providências que podem ser tomadas para impedir, minimizar, reparar os danos ou punir os envolvidos.

13.1 Crimes virtuais

Algumas das situações retratadas nos filmes citados são tipificadas como crime na legislação brasileira e outras são consideradas mero aborrecimento, restando à vítima se resignar ou arcar com todos os prejuízos.

Já citamos, e não custa repetir, o caso do vovô do slime, um senhor que se atreveu a fazer algo inusitado para a sua faixa etária, o slime. Milhões de visualizações e compartilhamentos em poucos dias foram o suficiente para atrair a atenção dos *haters* e surgirem acusações. O próprio senhor, sem qualquer orientação, mas com a experiência da idade, postou no canal um vídeo explicando que era vítima de uma *fake news*. E, de fato, como acontece nas *fake news*, a acusação foi sem provas, mas mesmo assim, essas notícias falsas são perigosas e até quando desmentidas sempre deixam rastros de suspeição.

O nível dos ataques e a extensão dos danos varia de pessoa para pessoa. O que já se constatou é que quanto maior for o alcance da influência ou a fama do influenciador, maior será a frequência e a contundência dos ataques.

Da mesma forma, pessoas não acostumadas a qualquer tipo de agressão, principalmente os recém-chegados e com frágil autoestima, costumam ser as mais afetadas, o que pode desencadear episódios de depressão, sociopatia, abandono dos planos de ser influenciador e, nos casos mais graves, induzir ao atentado contra a própria vida.

Se para alguns ser ofendido e caluniado na internet não afeta o emocional, para outros pode ser o início de um longo e doloroso processo de recuperação psíquica, financeira e emocional.

Conhecer as formas que os detratores usam, como se proteger e até reagir, será um grande diferencial para o influenciador que está começando.

Trabalhe para receber seus primeiros *haters*, mas esteja preparado para eles.

Como Ser Influenciador Digital

Por mais paradoxal que possa parecer, a presença de *haters* no perfil é sinal de estar no caminho certo, pois, como diz um provérbio árabe, "Só se atiram pedras em árvores carregadas de frutas".

As ações mais comuns atribuídas a *haters* são:

- **Ameaça:** materializa-se quando alguém avisa que vai causar algum dano a outrem. É um crime previsto no art. 147 do Código Penal.

- **Assédio virtual ou intimidação (*cyberbullying* ou bullying virtual):** manifesta-se por meio da violência verbal, com o uso da tecnologia. Entenda por violência verbal qualquer insulto, ofensa, xingamento, injúria que, dependendo do teor, do contexto e do atingido, pode ser caracterizada como crime de injúria, injúria racial, homofobia etc. Existe um projeto de lei que pune a intimidação vexatória, cuja proposta é incluir três novos artigos no Código Penal, entre eles o art. 136-A (intimidar, ameaçar, constranger, ofender, castigar, submeter, ridicularizar, difamar, injuriar, caluniar ou expor pessoa a constrangimento físico ou moral, de forma reiterada).

- **Calúnia:** crime previsto no art. 138 do Código Penal, materializa-se quando ser acusa alguém publicamente de um crime.

- **Corrupção de menores (*grooming*):** crime previsto no Estatuto da Criança e do Adolescente (ECA), materializa-se quando alguém induz o menor de 14 anos a satisfazer a lascívia (própria ou de terceiros). A pessoa lasciva corre atrás do prazer sexual sem se importar com os limites. Pedir que uma criança tire a roupa diante da câmera é um exemplo disso.

- **Difamação:** crime previsto no art. 139 do Código Penal. Materializa-se com a imputação ofensiva de fato(s) que atenta(m) contra a honra e a reputação de alguém, com a intenção de torná-lo passível de descrédito na opinião pública.

- **Exposição indevida:** consiste no vazamento, proposital ou não, dos dados pessoais da vítima. O amparo legal contra a exposição indevida está no Marco Civil da Internet e na Lei Geral de Proteção de Dados Pessoais (LGPDP), cabendo multa e indenização.

- **Extorsão:** crime previsto no art. 158 do Código Penal. Materializa-se com o ato de obrigar alguém a adotar um determinado comportamento, por meio de ameaça ou violência, com a intenção de obter vantagem, recompensa ou lucro.

- **Injúria:** crime previsto no art. 140 do Código Penal, é basicamente uma difamação que os outros não ouviram. É uma ofensa pessoal, não pública. Se for constatado que o motivo da ofensa é alguma característica do ofendido, como a cor da pele, o crime é de injúria racial, previsto no parágrafo 3º do mesmo artigo.

- **Mensagens de ódio de cunho ideológico, religioso, racial etc.**
- **Atos persecutórios obsessivos ou insidiosos (*stalking*):** que se materializa pela insistência de alguém em manter contato e obter informações sobre a vítima.
- **Sequestro de perfil:** crime previsto na Lei nº 12.737/2012 de Crimes Virtuais, conhecida como Lei Carolina Dieckmann:

    Invadir dispositivo informático alheio, conectado ou não à rede de computadores, mediante violação indevida de mecanismo de segurança e com o fim de obter, adulterar ou destruir dados ou informações sem autorização expressa ou tácita do titular do dispositivo ou instalar vulnerabilidades para obter vantagem ilícita.

- **Sexting:** não é exatamente um crime. Consiste no envio e/ou na troca de conteúdos eróticos e sensuais por meio de celulares. Como iniciou com o envio de mensagens de texto, cunhou-se o termo a partir da contração de *sex* e *texting*. O avanço tecnológico passou a permitir o envio de fotografias e vídeos em posições sensuais ou nus, aos quais se aplica o termo *nude selfie* ("selfie de nudez") ou simplesmente nude. Não há crime se o envio do nude foi por vontade própria. O que pode mudar isso e o nude ser tipificado como crime é se envolver menores de idade, se o envio foi por intimidação, mediante chantagem, se houve exposição indevida ou mediante fraude. Tem se tornando comum, após o fim do relacionamento, homens divulgarem na internet ou em grupos de amigos os nudes da ex, no que ficou conhecido como *porn revenge* (pornografia de vingança). Para esses casos, a lei prevê punição e reparação por danos morais.

Quem se vir envolvido em qualquer uma dessas situações, inicialmente mantenha a calma e evite a reação natural de apagar as mensagens, pois vai precisar delas como provas para a polícia investigar.

Nos sistemas Windows, as mensagens podem ser preservadas, realizando a captura da tela. Basta pressionar a tecla Print Screen e depois usar Ctrl + V no Paint ou qualquer outro software de edição de imagens. É importante que se consiga registrar a data e a hora da captura.

Se tudo o que você tem é um smartphone, existem excelentes aplicativos de captura e gravação da tela do aparelho. Às vezes, esse recurso faz parte das características do aparelho. Verifique no manual se não é o caso do seu. Em alguns modelos da Samsung, se o recurso estiver ativado, basta passar a lateral da mão sobre o visor para fazer a captura de tela. Se você precisar usar aplicativos e não estiver obtendo sucesso com isso, é mais simples e rápido usar outro aparelho para fotografar aquele que estiver com as mensagens expostas.

A forma mais indicada de preservar provas digitais é lavrando uma ata notarial[1]. É um procedimento simples. Basta ir até um cartório que preste esse serviço, levando o endereço (link) em que a mensagem, imagem ou vídeo está publicada. O tabelião vai confirmar a existência da mensagem e vai relatar fielmente os fatos para comprovar sua existência ou estado.

Apesar de ser a melhor maneira de reunir evidências de crimes virtuais, infelizmente nem todo cartório oferece tal serviço, que não costuma ser barato, podendo chegar a R$ 441 pela primeira folha e R$ 222 por folha adicional, de acordo com a tabela do Colégio Notarial do Brasil[2].

13.1.1 Como denunciar um crime virtual

Colete todas informações

O primeiro passo a ser tomado é a reunião de todas as informações necessárias que possam auxiliar a prova do crime, que podem ser coletadas por meio de *prints*, mensagens ou fotos. É muito importante ressaltar que todas essas informações sejam armazenadas em local seguro para que não comprometam a denúncia e a perda dessas informações.

Registre a informação

A vítima deve registar essas informações em um cartório, por meio da ata notarial, confirmando que os documentos são verdadeiros. Informe-se no cartório mais próximo.

Boletim de ocorrência

O Boletim de Ocorrência (BO), que atualmente é conhecido por Registro de Ocorrência (RO), também está relacionado ao item anterior, em que as informações devem ser registradas em uma delegacia de polícia. Algumas cidades já possuem delegacias especializadas em crimes cibernéticos, mas esse registro pode ser feito em qualquer delegacia por todo país. O boletim de ocorrência é um documento fundamental no processo de denunciar um crime virtual, permitindo ser instaurado inquérito policial para a apuração do crime, a investigação.

Embora muitos caso não sejam solucionados, essa ainda é uma forma de evitar com que outros crimes sejam cometidos, e é muito importante que a vítima se proteja e auxilie outras vítimas em casos de crimes virtuais. A melhor maneira é procurar ajuda e seguir os passos apresentados.

---

1 Segundo Ferreira e Rodrigues (2010, p. 112), "Ata notarial é o instrumento público pelo qual o tabelião, ou preposto autorizado, a pedido de pessoa interessada, constata fielmente os fatos, as coisas, pessoas ou situações para comprovar a sua existência, ou o seu estado".
2 Disponível em: <http://www.cnbsp.org.br>. Acesso em: 10 abr. 2019.

13.1.2 Como lidar com detratores

Não existe uma fórmula mágica que sirva para todos. Isso ocorre porque cada pessoa possui um temperamento diferente, um nível de sensibilidade a críticas. Em entrevista concedida ao GloboEsporte.com (2016), o jogador Ronaldo revelou que precisava dos *haters* para vencer:

> *O futebol me ensinou que eu tenho que usar as pessoas negativas como forma de motivação. Eu realmente preciso dos meus "haters" (odiadores, na tradução literal). Eles me ajudaram a conseguir tudo o que conquistei – disse o craque do Real Madrid.*

Se esse é um extremo, no outro lado estão as pessoas que desabam com a primeira crítica e desistem de manter o canal. É preciso desenvolver a resiliência para se manter influenciador, e com as nossas dicas você será capaz de contornar a maioria das situações:

- **Aceite-se como é:** estar acima do peso, ser calvo, ter uma testa pronunciada, falha entre os dentes, orelhas de abano ou qualquer outro detalhe em seu visual poderá ser usado por *haters* para atingi-lo. Não importa o que seja, se faz parte de você e você não quer ou não pode mudar, aceite-se. A autoaceitação reduz o efeito dos comentários maldosos. A cantora Anitta fez questão de não disfarçar a celulite em um dos seus videoclipes; o apresentador Jô Soares nunca teve problema em ser chamado de gordo – inclusive, ele mesmo usava o termo ao encerrar seus programas: "Beijo do gordo!"; a influenciadora Marcela Tavares faz piada com as mensagens *haters* se referindo à testa pronunciada e aos seios pequenos. A propósito, a supermodelo, atriz, apresentadora, fotógrafa e empresária estadunidense Tyra Banks, em um dos episódios do *reality show America's Next Top Model*, revelou que a testa pronunciada foi o que lhe abriu as portas para a modelagem. Qualquer aspecto em sua aparência que você considere fora dos padrões não deve servir de desculpas para abandonar seu projeto de ser influenciador. E, por outro lado, talvez seja justamente esse diferencial que vai fazer de você um sucesso. Como exemplo, podemos citar ainda as modelos *plus size*, que têm feito muito sucesso no Instagram e estão ganhando dinheiro com isso.

- **Tenha uma mensagem padrão, caso decida responder:** diante de uma mensagem ofensiva, a primeira reação costuma ser responder no calor do momento. Essa pode não ser a melhor ideia e já presenciamos ofendidos se tornarem ofensores e serem crucificados por isso. Um dos exemplos é de um fã que criticou a *performance* de uma artista em um show e foi ofendido com alusão à sua cor de pele. Se o problema era um, depois dessa mancada a artista teve de lidar com milhares de

mensagens ofensivas, só lhe restando apagar o *post* original e usar o resto do dia para pedir desculpas.

Ter uma mensagem-padrão tem várias vantagens, como mostrar sua posição diante daquela atitude, desencorajar quem estiver pensando em fazer o mesmo, educar o detrator, reforçar sua marca e permitir que essas respostas sejam terceirizadas, já que serão as mesmas para todos. Com a ajuda de um técnico, é possível até programar robôs para responder de modo automático.

Exemplos de respostas-padrão:

- "A inveja mata, sabia?"
- "Lamento que você esteja passando por maus momentos e para se sentir melhor decidiu me ofender. Rezarei para que você encontre a luz ou coisa melhor para fazer do que tentar puxar o tapete dos outros."
- "Não respondo mensagens de perfil falso. Está se escondendo por quê?"
- "Isso aí é *fake news*. Informem-se."
- "Para que está feio, invejoso(a)."

- **Não valorize o que não tem valor:** às vezes, entre centenas ou milhares de mensagens positivas, o influenciador se detém e se abala por única mensagem, perdendo tempo e desestabilizando seu controle emocional. Salvo raras e provavelmente merecidas exceções, nenhum influenciador vai receber apenas mensagens negativas. Assim, no lugar de dar atenção aos que falam mal, agradeça e valorize quem fala bem.

- **Pense em apagar a mensagem e não responder:** na maioria das vezes, somos ofendidos por pessoas que se escondem atrás de perfis falsos. Em muitas ocasiões, o melhor a fazer é apagar a mensagem e bloquear o *hater*, dando por encerrado o assunto. Caso ele insistentemente retorne, talvez você tenha de procurar a polícia, pois pode se transformar em perseguição persistente.

- **Exposição vexatória exige resposta imediata:** pode acontecer de o *hater* divulgar informações constrangedoras sobre a pessoa, podendo, inclusive, manipular a verdade ou misturar fatos e *fakes*. Esse tipo de atitude é mais comum contra políticos ou pessoas em evidência que se quer prejudicar. O melhor a fazer é contra-atacar com a informação correta, evitando que a informação falsa ou deturpada prevaleça. Há situações em que a informação vazada pelo *hater* é verídica e constrangedora. Nessa situação, o melhor a fazer é admitir o erro, pedir desculpas, se for o caso, e dar o caso por encerrado. Se o mesmo assunto voltar tempos depois pelas mãos de outros *haters*, basta lembrar que já comentou sobre o assunto, se desculpou na época e nada mais tem a declarar.

- **Peça ajuda:** nem sempre você vai conseguir sair dessa sozinho. Quando isso ocorrer, o melhor é pedir ajuda. O tipo de ajuda pode ser consultando a polícia, um psicólogo, um *hacker* ético, um advogado, sempre em busca de orientações sobre como proceder ou como lidar com a situação. A respeito de sequestro de contas e denúncias de perfis falsos, esses assuntos devem ser tratados diretamente na rede social.

Como denunciar

Os aborrecimentos aos quais estamos sujeitos na internet são de diversos tipos. Caso seja a sua intenção denunciá-los, primeiramente, você precisa se informar sobre de quem é a jurisdição (quem é que poderá ajudá-lo a resolver esse problema de forma legal).

Nos sites a seguir, você encontra informações sobre os tipos de crime e perturbações mais comuns e a quem deve denunciar:

- Central Nacional de Denúncias de Crimes Cibernéticos da SaferNet Brasil – <https://new.safernet.org.br/denuncie>
- Facebook – <https://www.facebook.com/help/181495968648557>
- Google – <https://support.google.com/docs/answer/2463296?hl=pt-BR>
- LinkedIn – <https://www.linkedin.com/help/linkedin/answer/30442/denuncia-de-informacoes-incorretas-no-perfil-de-outro-usuario?lang=pt>
- Ministério Público Federal (MPF)[3] – <http://www.mpf.mp.br/servicos/sac>
- Polícia Federal (PF) – <http://www.pf.gov.br/institucional/ouvidoria/orientacoes-frequentes/canais-de-apresentacao-de-denuncia>
- Registro.Br – <https://registro.br/contato/>
- Delegacias especializadas em crimes cibernéticos – <https://new.safernet.org.br/content/delegacias-cibercrimes>
- Twitter – <https://help.twitter.com/pt/safety-and-security/report-abusive-behavior>
- UOL – <https://denuncia.uol.com.br>

Mero aborrecimento

Nem sempre o que acreditamos ser um crime de informática ou do mundo real é, de fato, crime, sendo tratado pelas autoridades como meto aborrecimento. No livro *Talento Não é Tudo* (MAXWELL, 2007), o autor descreve cinco tipos de pessoas com as quais você provavelmente terá de lidar:

---

[3] Fique atento, pois nem todos os crimes cibernéticos são de competência do MPF.

- **Renovadores:** inspiram seus sonhos e dão energia aos seus talentos.
- **Refinadores:** afiam suas ideias e clareiam sua visão.
- **Refletores:** espelham sua energia, sem acrescentá-la nem diminuí-la.
- **Redutores:** tentam reduzir sua visão e seus esforços ao nível de conforto deles.
- **Recusadores:** negam seu talento, atrapalham seus esforços e impedem sua visão.

Sabendo que esses tipos existem, quando você se deparar com redutores e recusadores, o dano emocional será menor, pois eles já eram esperados. O que não se deve é perder o foco nem desperdiçar seu tempo, trocando insultos, por exemplo.

14
O mínimo que você precisa saber sobre legislação para não se encrencar

14.1
Direitos autorais e direito de imagem

Imaginemos uma situação em que um fotógrafo capta a sua imagem. Ao conceder ao fotógrafo a utilização dela, este será o detentor dos direitos autorais sobre as representações fotográfica e audiovisual que estão previstas na Lei nº 9.610/98 (BRASIL, 1998). Dessa forma, precisamos deixar claro que há uma diferença entre direitos autorais × direito de imagem.

O Anexo B deste livro traz os principais artigos da lei de direitos autorais.

O art. 5º, incisos X e XXVIII, da Constituição Federal (BRASIL, 1988), trata o Direito de Imagem entre os Direitos e as Garantias Fundamentais e como um Direito de Personalidade, sendo este direito irrenunciável, inalienável, intransmissível, porém disponível. Significa dizer que a imagem de uma pessoa jamais poderá ser vendida, renunciada ou cedida em definitivo, podendo, sim, ser licenciada a favor de terceiros.

> *Art. 5º Todos são iguais perante a lei, sem distinção de qualquer natureza, garantindo-se aos brasileiros e aos estrangeiros residentes no País a inviolabilidade do direito à vida, à liberdade, à igualdade, à segurança e à propriedade, nos termos seguintes:*
>
> *XXVIII - são assegurados, nos termos da lei:*
>
> *a) a proteção às participações individuais em obras coletivas e à reprodução da imagem e voz humanas, inclusive nas atividades desportivas;*
>
> *b) o direito de fiscalização do aproveitamento econômico das obras que criarem ou de que participarem aos criadores, aos intérpretes e às respectivas representações sindicais e associativas;*

Já os direitos autorais estão previstos na Lei nº 9.610, de 19 de fevereiro de 1998, e são todos os direitos de proteção de uma obra artística produzida e dos direitos do autor sobre ela, e esta lei confere ao criador um conjunto de prerrogativas para que possa gozar dos benefícios morais e patrimoniais que resultaram do trabalho.

A fim de se evitar problemas para usar imagens sem violar direitos de seus autores, seguem alguns passos a serem tomados como medida preventiva e para não agir em desconformidade com a lei:

1. **Peça autorização:** você está participando de um evento e/ou gostaria de divulgar esse evento por diversos motivos. Não há problema algum em pedir a autorização e sua imagem, seja mediante pagamento ou não, sendo essa prática também permitida. Recomenda-se um contrato e, para tanto, peça ajuda a um advogado.

2. **Informe o autor:** se for usar imagens de alguém para fins pessoais, mencione o autor, seja por meio de #hastag #repost, caso contrário estará assumindo a autoria da imagem
3. **Banco de imagens livres:** há um banco de dados com imagens livres que podem ser utilizadas, sem permissão ou prévio pagamento, ou, então, produza sua própria imagem.

Para melhor análise e conhecimento, além da Lei nº 9.610/1998, que trata dos direitos autorais, este direito também está previsto por vários tratados e convenções internacionais, bem como por outras normas, sendo elas:

1. Convenção Universal sobre o Direito de Autor;
2. Convenção de Berna para a Proteção das Obras Literárias e Artísticas, de 9 de setembro de 1886;
3. Convenção Internacional para a Proteção aos Artistas Intérpretes ou Executantes, aos Produtores de Fonogramas e aos Organismos de Radiodifusão;
4. Convenção Interamericana sobre os Direitos de Autor em Obras Literárias, Científicas e Artísticas;
5. Normas correlatas:
    - **Lei nº 12.965/2014:** estabelece princípios, garantias, direitos e deveres para o uso da internet no Brasil.
    - **Lei nº 12.853/2013:** altera os arts. 5º, 68, 97, 98, 99 e 100, acrescenta arts. 98-A, 98-B, 98-C, 99-A, 99-B, 100-A, 100-B e 109-A e revoga o art. 94 da Lei nº 9.610, de 19 de fevereiro de 1998, para dispor sobre a gestão coletiva de direitos autorais, e dá outras providências.
    - **Lei nº 12.737/2012:** dispõe sobre a tipificação criminal de delitos informáticos; altera o Decreto-lei nº 2.848, de 7 de dezembro de 1940 – Código Penal (BRASIL, 1940), e dá outras providências.
    - **Lei nº 10.695/2003:** altera e acresce parágrafo ao art. 184 e dá nova redação ao art. 186 do Decreto-lei nº 2.848, de 7 de dezembro de 1940 – Código Penal, alterado pelas Leis nºs 6.895, de 17 de dezembro de 1980, e 8.635, de 16 de março de 1993, revoga o art. 185 do Decreto-lei nº 2.848, de 1940, e acrescenta dispositivos ao Decreto-lei nº 3.689, de 3 de outubro de 1941 – Código de Processo Penal.
    - **Lei nº 9.609/1998:** dispõe sobre a proteção da propriedade intelectual de programa de computador, sua comercialização no país, e dá outras providências.
    - **Lei nº 9.279/1996:** regula direitos e obrigações relativos à propriedade industrial.
    - **Decreto nº 2.556/1998:** regulamenta o registro previsto no art. 3º da Lei nº 9.609, de 19 de fevereiro de 1998, que dispõe sobre a proteção

da propriedade intelectual de programa de computador, sua comercialização no país e dá outras providências.

- **Decreto nº 2.553/1998:** regulamenta os arts. 75 e 88 a 93 da Lei nº 9.279, de 14 de maio de 1996, que regula direitos e obrigações relativos à propriedade industrial.

O Anexo C deste livro apresenta um exemplo de declaração de uso de imagem.

Constitui crime à violação dos direitos autorais e está previsto no Código Penal Brasileiro no art. 184, que diz: "Violar direitos de autor e os que lhe são conexos: Pena – detenção de 3 meses a 1 ano, ou multa".

Injúria, calúnia e difamação

Inicialmente, é importante observar que, com o avanço das redes sociais, com a nova forma de conexão entre as pessoas, que deixou de ser "pessoal" e tornou-se virtual, a mudança geral ocorreu, na verdade, no ambiente, que agora é virtual, pois o comportamento do ser humano continua o mesmo.

A percepção que o ser humano tem hoje com esse avanço, é que ideias, opiniões e expressões podem ser divulgadas livremente, sendo incentivadas pela falsa sensação de anonimato e falta de impunidade.

O anonimato nas redes sociais é mito, pois, com o uso de algumas ferramentas tecnológicas é possível descobrir o verdadeiro perfil. Por esse motivo, faz-se necessário o conhecimento sobre essas novas ferramentas a fim de evitar futuros transtornos causados pelas divulgações e pelos comentários divulgados, podendo estes ser responsabilizados, civil ou criminalmente.

Na esfera criminal, os delitos que ofendem de forma direta e indireta a honra de alguém são:

- **Crime de calúnia, previsto no art. 138 do Código Penal:** "Caluniar alguém, imputando-lhe falsamente fato definido como crime". Utilizamos como exemplo que, para haver a calúnia, o fato tem que ter um crime e também ser falso, como dizer para alguém que outrem cometeu um "furto no mercado na cidade" e essa informação se propagar, lembrando que a divulgação da informação caluniosa responsabiliza também aquele que a divulgou.

- **Crime de difamação, previsto no art. 139 do Código Penal:** "Difamar alguém, imputando-lhe fato ofensivo a sua reputação". Damos como exemplo a fofoca, que se consuma quando a difamação chega a conhecimento de outras pessoas que não a vítima. Importante destacar que, na difamação, o fato sendo verdadeiro ou falso, a finalidade é denegrir a reputação de outrem.

- **Crime de injúria, previsto no art. 140 do Código Penal:** "Injuriar alguém ofendendo-lhe a dignidade ou decoro". Como exemplo, podemos citar também o xingamento, que é consumado quando a vítima toma conhecimento. Sendo a honra subjetiva, nos casos em que houve provocação, o juiz pode deixar de aplicar a pena.

Antes de concluir o que são os crimes de calúnia, difamação e injúria, é necessário destacar, ainda, as diferenças entre dolo e culpa.

De forma mais simples, podemos dizer que a diferença entre o dolo e a culpa seria como se a culpa fosse considerada como o crime cometido sem a intenção de gerar o resultado. Nesse sentido, não podemos deixar de frisar que, para que exista a culpa, tudo depende se houve a intencionalidade e a vontade. Para a existência do **dolo**, é preciso existir a intenção de causar o dano.

Com isso, os crimes de calúnia, difamação e injúria não admitem a forma culposa, podendo ser descartada a possibilidade de alguém dizer "eu não sabia o que estava fazendo". No entanto, é claro que outros elementos também precisam ser analisados caso a caso.

Não se pode dizer que ao postar uma crítica, uma opinião relacionada ao trabalho de um político, desde que seja relacionado à sua função eletiva, você responderá por um crime contra a honra, inclusive há vários julgados sobre esse assunto.

> Sendo você a vítima de algum crime contra a honra, o caminho é informar imediatamente a autoridade policial (delegado) ou levar a conhecimento do Ministério Público, bem como se você for vítima de outros crimes não abordados neste tópico, como os crimes de racismo, ameaça, violação da liberdade religiosa, entre outros, a comunicação à autoridade competente é fundamental.

Os crimes contra a honra são de menor potencial ofensivo, sendo processados por queixa-crime diretamente pelo ofendido, com exceção ao crime praticado contra funcionário público, cuja queixa deverá ser movida pelo Ministério Público, mediante representação da vítima.

Certo é que suas atitudes nas redes sociais vão muito além dos chamados *likes*, podendo ter grande repercussão, e se a divulgação for inapropriada e infringir a lei, poderá responder a um processo criminal e/ou a uma ação civil por danos morais.

Cyberbulling

Ciberbullying ou bullying virtual é uma maneira mais moderna de maltratar e humilhar pessoas por meio da plataforma virtual, e os seus efeitos

são diferentes do chamado bullying, pois este acontecia no mundo real, sendo mais fácil identificar o agressor. Já no *ciberbullying*, o ofensor usa um apelido, um nome qualquer ou um perfil falso, tornando mais difícil sua identificação.

A tecnologia disponibiliza diversas formas para a prática do *ciberbullying*, entre elas: blogs, e-mails, redes sociais. Com a falsa sensação de anonimato, inventam boatos, mentiras de diversas formas e por diversos motivos, tanto de caráter pessoal, quanto profissional, e as divulgam a diversos tipos de pessoas, profissões, faixa etária. Todos nós estamos vulneráveis a tais práticas, uma vez que estamos inseridos nesse mundo virtual, participando dele com ideias, opiniões, expondo fotos, comentando sobre elas. Enfim, essa prática tem se tornado muito comum, por isso o grande alerta feito por psicólogos aos responsáveis em suas consultas, pois diante de casos mais complexos, pode-se chegar até ao suicídio da vítima pela prática dessa ofensa virtual.

Como agir em caso de cyberbulling.

- Rompa o silêncio e informe a seus pais ou responsáveis o que está acontecendo. Não sofra em silêncio, pois, mesmo que o ato seja praticado pela internet, o responsável por essa prática precisa ser identificado.
- Guarde provas, fotos, *prints*, mensagens, anote o endereço completo da página, anote o número, caso a ofensa venha por SMS ou WhatsApp, mas não responda às ofensas.
- Previna-se, pois também os pais podem ser responsabilizados pelas agressões de seus filhos. Assim, é dever deles acompanhar o conteúdo que os filhos veem na internet e observar o comportamento deles.
- Responsabilize os praticantes desse ato, seja por ata notarial, onde são reconhecidos em cartório os conteúdos das mensagens, ou por denúncias formais por meio da polícia. Denuncie a página e faça um boletim de ocorrência com base nos dados coletados da prática do *ciberbullying*.

Dano moral

Danos morais são aqueles danos causados a outrem pelas perdas sofridas por um ataque à dignidade e moral de uma pessoa, ou seja, qualquer perda que abale a honra pode ser caracterizada como dano moral.

Toda pessoa que tenha se sentido ofendida em sua moral, que tenha sua dignidade abalada, poderá ingressar com ação de reparação de danos e solicitar uma indenização, desde que comprovado o dano, conforme o art 5º, V, da Constituição Federal, estabelece: "I. É assegurado o direito de resposta, proporcional a agravo além de indenização por dano material, moral ou a imagem".

Existem várias espécies de dano moral como:

- dano moral nas relações de consumo;
- dano moral nas relações de trabalho;
- dano moral por ofensa à honra, à imagem e à intimidade; entre outros.

Vejamos também que aquele que, por ação ou omissão voluntária, negligência ou imprudência, violar direito e causar dano a outrem, ainda que exclusivamente moral, comete ato ilícito: "Art. 927. Aquele que, por ato ilícito (arts. 186 e 187 do Código Civil [BRASIL, 2002]), causar dano a outrem, fica obrigado a repará-lo".

Liberdade de expressão

Qual é o significado de liberdade? Liberdade é o direito de proceder conforme nos pareça adequado, contanto que esse direito não vá contra o direito de terceiros; condição do homem ou da nação que goza de liberdade; conjunto das ideias liberais ou dos direitos garantidos ao cidadão; ousadia; franqueza; licença; desassombro; demasiada; familiaridade; imunidades; regalias.

A liberdade de expressão surgiu na nossa Constituição Federal por ser de total importância a garantia desse direito, que resultou da manifestação do pensamento, um instrumento à democracia, em que a todos os cidadãos é permitido o direto de praticar a sua fé e de expressão por meio de suas opiniões, sendo esse direito uma dos mais estimados pela nossa Carta Maior (Constituição Federal de 1988) e estando agora protegido pelo Estado.

A liberdade tem relação com a igualdade e a justiça. É o valor supremo do indivíduo em face do todo, enquanto a justiça é o bem supremo do todo enquanto composto das partes.

As inúmeras teorias políticas e filosóficas tentam defini-la de acordo com os aspectos biológicos, econômicos e social do ser humano, tornando-se uma virtude da condição humana, pois a liberdade está ligada à ética, equilibrando as diversas condutas pessoais, e a razão, que seria um ato de livre vontade, de aceitá-lo ou não, pois o ser humano pode optar entre inúmeras possibilidades, o livre-arbítrio.

Anexos e Apêndices

PARTE 4

ANEXO A

REGULAMENTAÇÃO DA PROFISSÃO DE YOUTUBER
PROJETO DE LEI Nº 10.938, DE 2018

(Do senhor Eduardo da Fonte)

Dispõe sobre a regulamentação da profissão de Youtuber.

O Congresso Nacional decreta:

Art. 1º O exercício do ofício de Youtuber Profissional é regulado pela presente Lei.

Art. 2º Para os fins desta Lei, entende-se como Youtuber o obreiro que cria vídeos e os divulga na plataforma social do YouTube (https://www.youtube.com), com amplo alcance de seguidores e afins.

§ 1º Os profissionais referidos no *caput* deste artigo são criadores de conteúdo e/ou debatedores ou comentadores de conteúdo já existente na internet.

§ 2º As novas denominações e descrições das funções em que se desdobram as atividades do Youtuber Profissional constarão do Regulamento desta Lei.

Art. 3º É livre a criação interpretativa do Youtuber Profissional, respeitado a obra original e citada sua fonte.

Art. 4º Nenhum Youtuber Profissional será obrigado a interpretar ou participar de trabalho que ponha em risco sua integridade física ou moral.

Art. 10. O empregador pode contratar Youtuber Profissional por prazo determinado ou indeterminado.

§ 1º O Youtuber Profissional pode, inexistindo incompatibilidade de horários, firmar mais de um contrato de trabalho ou prestação autônoma de serviços.

§ 2º É nula de pleno direito qualquer cláusula de exclusividade do contrato de trabalho indeterminado ou determinado.

Art. 11. A duração normal do trabalho dos Youtubers Profissionais não excederá 6 (seis) horas diárias e 30 (trinta) horas semanais.

§ 1º Considera-se como tempo de trabalho o período de gravação, bem como o tempo necessário de preparação, nele incluídos ensaios, pesquisas, estudos, atividades de promoção e de divulgação, bem como as atividades de finalização do vídeo.

§ 2º No transcurso da jornada normal de trabalho é assegurado intervalo para refeição e descanso de no mínimo 45 (quarenta e cinco) minutos.

§ 3º Caso a jornada de trabalho exceda a duração normal, é garantido ao Youtuber Profissional pelo menos 1 (uma) hora de intervalo para repouso e alimentação.

§ 4º Horas suplementares acrescidas à jornada de trabalho serão remuneradas com acréscimo de 100% (cem por cento) sobre o valor da hora normal.

§ 5º O descumprimento dos intervalos previsto no § 2º e 3º geram remuneração ao trabalhador nos moldes previstos no § 4º, sem prejuízos de punições administrativas por parte da autoridade competente.

Art. 12. O Youtuber profissional que prestar comprovadamente serviços em condições insalubres ou perigosas faz jus à percepção do adicional respectivo e à tutela específica das normas de saúde, higiene e segurança do trabalho.

Art. 13. É obrigatório por parte dos empregadores, qualquer que seja a modalidade da contratação na forma do art. 10 desta Lei, elaborar e implementar medidas de prevenção de acidentes e doenças do trabalho.

Art. 14. Aplicam-se às omissões desta Lei, no que couber, os preceitos da Consolidação das Leis do Trabalho (CLT), aprovada pelo Decreto-lei nº 5.452, de 1º de maio de 1943.

Art. 15. Aplicam-se, no que couber, as normas do Código de Ética dos Jornalistas, aprovado pelo Congresso Nacional dos Jornalistas Profissionais, aos Youtubers Profissionais.

Art. 16. Esta Lei entra em vigor na data de sua publicação.

JUSTIFICAÇÃO

Com o presente Projeto de Lei, pretendemos trazer à discussão a regulamentação das atividades dos Youtubers, profissão do novel século XXI e que hoje influencia de maneira considerável expressivas parcelas da população.

O Youtuber é um profissional muito presente hoje em diversos sítios da internet, com o compartilhamento de conteúdo advindo do site Youtube. É uma profissão nascida da contemporaneidade, mas trabalha, na maioria das vezes, autonomamente ou exposto a contratos de trabalho sem as proteções legais previstas, com jornadas incompatíveis com a função exercida. Por vezes também acaba sofrendo discriminação de outras categorias artísticas.

Assim, é importante ainda regulamentar, dentro da reserva do possível, o conteúdo veiculado pelos Youtubers Profissionais, tendo em vista que influenciam a formação de opinião de parte significativa da sociedade, em especial os mais jovens.

Diante do exposto, esperamos contar com a colaboração dos nobres colegas parlamentares para a aprovação desta proposição.

Sala das Sessões, em   de   de 2018.

Deputado EDUARDO DA FONTE PP/PE

ANEXO B

PRINCIPAIS ARTIGOS DA LEI DE DIREITOS AUTORAIS
LEI Nº 9.610, DE 19 DE FEVEREIRO DE 1998.

Altera, atualiza e consolida a legislação sobre direitos autorais e dá outras providências.

O PRESIDENTE DA REPÚBLICA

Faço saber que o Congresso Nacional decreta e eu sanciono a seguinte Lei:

TÍTULO I
Disposições Preliminares

Art. 1º Esta Lei regula os direitos autorais, entendendo-se sob esta denominação os direitos de autor e os que lhes são conexos.

Art. 2º Os estrangeiros domiciliados no exterior gozarão da proteção assegurada nos acordos, convenções e tratados em vigor no Brasil.

Parágrafo único. Aplica-se o disposto nesta Lei aos nacionais ou pessoas domiciliadas em país que assegure aos brasileiros ou pessoas domiciliadas no Brasil a reciprocidade na proteção aos direitos autorais ou equivalentes.

[...]

Art. 5º Para os efeitos desta Lei, considera-se:

I. publicação – o oferecimento de obra literária, artística ou científica ao conhecimento do público, com o consentimento do autor, ou de qualquer outro titular de direito de autor, por qualquer forma ou processo;

II. transmissão ou emissão – a difusão de sons ou de sons e imagens, por meio de ondas radioelétricas; sinais de satélite; fio, cabo ou outro condutor; meios óticos ou qualquer outro processo eletromagnético;

III. retransmissão – a emissão simultânea da transmissão de uma empresa por outra;

IV. distribuição – a colocação à disposição do público do original ou cópia de obras literárias, artísticas ou científicas, interpretações ou execuções fixadas e fonogramas, mediante a venda, locação ou qualquer outra forma de transferência de propriedade ou posse;

V. comunicação ao público – ato mediante o qual a obra é colocada ao alcance do público, por qualquer meio ou procedimento e que não consista na distribuição de exemplares;

VI. reprodução – a cópia de um ou vários exemplares de uma obra literária, artística ou científica ou de um fonograma, de qualquer forma tangível, incluindo qualquer armazenamento permanente ou temporário por meios eletrônicos ou qualquer outro meio de fixação que venha a ser desenvolvido;

VII. contrafação – a reprodução não autorizada;

VIII. obra:

   a) em coautoria – quando é criada em comum, por dois ou mais autores;

   b) anônima – quando não se indica o nome do autor, por sua vontade ou por ser desconhecido;

   c) pseudônima – quando o autor se oculta sob nome suposto;

   d) inédita – a que não haja sido objeto de publicação;

   e) póstuma – a que se publique após a morte do autor;

   f) originária – a criação primígena;

   g) derivada – a que, constituindo criação intelectual nova, resulta da transformação de obra originária;

   h) coletiva – a criada por iniciativa, organização e responsabilidade de uma pessoa física ou jurídica, que a publica sob seu nome ou marca e que é constituída pela participação de diferentes autores, cujas contribuições se fundem numa criação autônoma;

   i) audiovisual – a que resulta da fixação de imagens com ou sem som, que tenha a finalidade de criar, por meio de sua reprodução, a impressão de movimento, independentemente dos processos de sua captação, do suporte usado inicial ou posteriormente para fixá-lo, bem como dos meios utilizados para sua veiculação;

IX. fonograma – toda fixação de sons de uma execução ou interpretação ou de outros sons, ou de uma representação de sons que não seja uma fixação incluída em uma obra audiovisual;

X. editor – a pessoa física ou jurídica à qual se atribui o direito exclusivo de reprodução da obra e o dever de divulgá-la, nos limites previstos no contrato de edição;

XI. produtor – a pessoa física ou jurídica que toma a iniciativa e tem a responsabilidade econômica da primeira fixação do fonograma ou da obra audiovisual, qualquer que seja a natureza do suporte utilizado;

XII. radiodifusão – a transmissão sem fio, inclusive por satélites, de sons ou imagens e sons ou das representações desses, para recepção ao público e a transmissão de sinais codificados, quando os meios de decodificação sejam oferecidos ao público pelo organismo de radiodifusão ou com seu consentimento;

XIII. artistas intérpretes ou executantes – todos os atores, cantores, músicos, bailarinos ou outras pessoas que representem um papel, cantem, recitem, declamem, interpretem ou executem em qualquer forma obras literárias ou artísticas ou expressões do folclore.

XIV. titular originário – o autor de obra intelectual, o intérprete, o executante, o produtor fonográfico e as empresas de radiodifusão. (Incluído pela Lei nº 12.853, de 2013)

XV. [...]

TÍTULO II

Das Obras Intelectuais

Capítulo I

Das Obras Protegidas

Art. 7º São obras intelectuais protegidas as criações do espírito, expressas por qualquer meio ou fixadas em qualquer suporte, tangível ou intangível, conhecido ou que se invente no futuro, tais como:

I. os textos de obras literárias, artísticas ou científicas;

II. as conferências, alocuções, sermões e outras obras da mesma natureza;

III. as obras dramáticas e dramático-musicais;

IV. as obras coreográficas e pantomímicas, cuja execução cênica se fixe por escrito ou por outra qualquer forma;

V. as composições musicais, tenham ou não letra;

VI. as obras audiovisuais, sonorizadas ou não, inclusive as cinematográficas;

VII. as obras fotográficas e as produzidas por qualquer processo análogo ao da fotografia;

VIII. as obras de desenho, pintura, gravura, escultura, litografia e arte cinética;

IX. as ilustrações, cartas geográficas e outras obras da mesma natureza;

X. os projetos, esboços e obras plásticas concernentes à geografia, engenharia, topografia, arquitetura, paisagismo, cenografia e ciência;

XI. as adaptações, traduções e outras transformações de obras originais, apresentadas como criação intelectual nova;

XII. os programas de computador;

XIII. as coletâneas ou compilações, antologias, enciclopédias, dicionários, bases de dados e outras obras, que, por sua seleção, organização ou disposição de seu conteúdo, constituam uma criação intelectual.

§ 1º Os programas de computador são objeto de legislação específica, observadas as disposições desta Lei que lhes sejam aplicáveis.

§ 2º A proteção concedida no inciso XIII não abarca os dados ou materiais em si mesmos e se entende sem prejuízo de quaisquer direitos autorais que subsistam a respeito dos dados ou materiais contidos nas obras.

§ 3º No domínio das ciências, a proteção recairá sobre a forma literária ou artística, não abrangendo o seu conteúdo científico ou técnico, sem prejuízo dos direitos que protegem os demais campos da propriedade imaterial.

Art. 8º Não são objeto de proteção como direitos autorais de que trata esta Lei:

I. as ideias, procedimentos normativos, sistemas, métodos, projetos ou conceitos matemáticos como tais;

II. os esquemas, planos ou regras para realizar atos mentais, jogos ou negócios;

III. os formulários em branco para serem preenchidos por qualquer tipo de informação, científica ou não, e suas instruções;

IV. os textos de tratados ou convenções, leis, decretos, regulamentos, decisões judiciais e demais atos oficiais;

V. as informações de uso comum tais como calendários, agendas, cadastros ou legendas;

VI. os nomes e títulos isolados;

VII. o aproveitamento industrial ou comercial das ideias contidas nas obras.

[...]

Capítulo II
Da Autoria das Obras Intelectuais

Art. 11. Autor é a pessoa física criadora de obra literária, artística ou científica.

Parágrafo único. A proteção concedida ao autor poderá aplicar-se às pessoas jurídicas nos casos previstos nesta Lei.

Art. 12. Para se identificar como autor, poderá o criador da obra literária, artística ou científica usar de seu nome civil, completo ou abreviado até por suas iniciais, de pseudônimo ou qualquer outro sinal convencional.

Art. 13. Considera-se autor da obra intelectual, não havendo prova em contrário, aquele que, por uma das modalidades de identificação referidas no artigo anterior, tiver, em conformidade com o uso, indicada ou anunciada essa qualidade na sua utilização.

Art. 14. É titular de direitos de autor quem adapta, traduz, arranja ou orquestra obra caída no domínio público, não podendo opor-se a outra adaptação, arranjo, orquestração ou tradução, salvo se for cópia da sua.

Art. 15. A coautoria da obra é atribuída àqueles em cujo nome, pseudônimo ou sinal convencional for utilizada.

§ 1º Não se considera coautor quem simplesmente auxiliou o autor na produção da obra literária, artística ou científica, revendo-a, atualizando-a, bem como fiscalizando ou dirigindo sua edição ou apresentação por qualquer meio.

§ 2º Ao coautor, cuja contribuição possa ser utilizada separadamente, são asseguradas todas as faculdades inerentes à sua criação como obra individual, vedada, porém, a utilização que possa acarretar prejuízo à exploração da obra comum.

Art. 16. São coautores da obra audiovisual o autor do assunto ou argumento literário, musical ou literomusical e o diretor.

Parágrafo único. Consideram-se coautores de desenhos animados os que criam os desenhos utilizados na obra audiovisual.

[...]

Capítulo II

Dos Direitos Morais do Autor

Art. 24. São direitos morais do autor:

I. o de reivindicar, a qualquer tempo, a autoria da obra;

II. o de ter seu nome, pseudônimo ou sinal convencional indicado ou anunciado, como sendo o do autor, na utilização de sua obra;

III. o de conservar a obra inédita;

IV. o de assegurar a integridade da obra, opondo-se a quaisquer modificações ou à prática de atos que, de qualquer forma, possam prejudicá-la ou atingi-lo, como autor, em sua reputação ou honra;

V. o de modificar a obra, antes ou depois de utilizada;

VI. o de retirar de circulação a obra ou de suspender qualquer forma de utilização já autorizada, quando a circulação ou utilização implicarem afronta à sua reputação e imagem;

VII. o de ter acesso a exemplar único e raro da obra, quando se encontre legitimamente em poder de outrem, para o fim de, por meio de processo fotográfico ou assemelhado, ou audiovisual, preservar sua memória, de forma que cause o menor inconveniente possível a seu detentor, que, em todo caso, será indenizado de qualquer dano ou prejuízo que lhe seja causado.

§ 1º Por morte do autor, transmitem-se a seus sucessores os direitos a que se referem os incisos I a IV.

§ 2º Compete ao Estado a defesa da integridade e autoria da obra caída em domínio público.

§ 3º Nos casos dos incisos V e VI, ressalvam-se as prévias indenizações a terceiros, quando couberem.

[...]

Capítulo III

Dos Direitos Patrimoniais do Autor e de sua Duração

Art. 28. Cabe ao autor o direito exclusivo de utilizar, fruir e dispor da obra literária, artística ou científica.

Art. 29. Depende de autorização prévia e expressa do autor a utilização da obra, por quaisquer modalidades, tais como:

I. a reprodução parcial ou integral;

II. a edição;

III. a adaptação, o arranjo musical e quaisquer outras transformações;

IV. a tradução para qualquer idioma;

V. a inclusão em fonograma ou produção audiovisual;

VI. a distribuição, quando não intrínseca ao contrato firmado pelo autor com terceiros para uso ou exploração da obra;

VII. a distribuição para oferta de obras ou produções mediante cabo, fibra ótica, satélite, ondas ou qualquer outro sistema que permita ao usuário realizar a seleção da obra ou produção para percebê-la em um tempo e lugar previamente determinados por quem formula a demanda, e nos casos em que o acesso às obras ou produções se faça por qualquer sistema que importe em pagamento pelo usuário;

VIII. a utilização, direta ou indireta, da obra literária, artística ou científica, mediante:
   a) representação, recitação ou declamação;
   b) execução musical;
   c) emprego de alto-falante ou de sistemas análogos;
   d) radiodifusão sonora ou televisiva;
   e) captação de transmissão de radiodifusão em locais de frequência coletiva;
   f) sonorização ambiental;
   g) a exibição audiovisual, cinematográfica ou por processo assemelhado;
   h) emprego de satélites artificiais;
   i) emprego de sistemas óticos, fios telefônicos ou não, cabos de qualquer tipo e meios de comunicação similares que venham a ser adotados;
   j) exposição de obras de artes plásticas e figurativas;

IX. a inclusão em base de dados, o armazenamento em computador, a microfilmagem e as demais formas de arquivamento do gênero;

X. quaisquer outras modalidades de utilização existentes ou que venham a ser inventadas.

[...]

Capítulo IV

Das Limitações aos Direitos Autorais

Art. 46. Não constitui ofensa aos direitos autorais:

I. a reprodução:

  a) na imprensa diária ou periódica, de notícia ou de artigo informativo, publicado em diários ou periódicos, com a menção do nome do autor, se assinados, e da publicação de onde foram transcritos;

  b) em diários ou periódicos, de discursos pronunciados em reuniões públicas de qualquer natureza;

  c) de retratos, ou de outra forma de representação da imagem, feitos sob encomenda, quando realizada pelo proprietário do objeto encomendado, não havendo a oposição da pessoa neles representada ou de seus herdeiros;

II. a reprodução, em um só exemplar de pequenos trechos, para uso privado do copista, desde que feita por este, sem intuito de lucro;

III. a citação em livros, jornais, revistas ou qualquer outro meio de comunicação, de passagens de qualquer obra, para fins de estudo, crítica ou polêmica, na medida justificada para o fim a atingir, indicando-se o nome do autor e a origem da obra;

IV. o apanhado de lições em estabelecimentos de ensino por aqueles a quem elas se dirigem, vedada sua publicação, integral ou parcial, sem autorização prévia e expressa de quem as ministrou;

V. a utilização de obras literárias, artísticas ou científicas, fonogramas e transmissão de rádio e televisão em estabelecimentos comerciais, exclusivamente para demonstração à clientela, desde que esses estabelecimentos comercializem os suportes ou equipamentos que permitam a sua utilização;

VI. a representação teatral e a execução musical, quando realizadas no recesso familiar ou, para fins exclusivamente didáticos, nos estabelecimentos de ensino, não havendo em qualquer caso intuito de lucro;

VII. a utilização de obras literárias, artísticas ou científicas para produzir prova judiciária ou administrativa;

VIII. a reprodução, em quaisquer obras, de pequenos trechos de obras preexistentes, de qualquer natureza, ou de obra integral, quando de artes plásticas, sempre que a reprodução em si não seja o objetivo principal da obra nova e que não prejudique a exploração normal da obra reproduzida nem cause um prejuízo injustificado aos legítimos interesses dos autores.

Art. 47. São livres as paráfrases e paródias que não forem verdadeiras reproduções da obra originária nem lhe implicarem descrédito.

Art. 48. As obras situadas permanentemente em logradouros públicos podem ser representadas livremente, por meio de pinturas, desenhos, fotografias e procedimentos audiovisuais.

[...]

Brasília, 19 de fevereiro de 1998; 177º da Independência e 110º da República.
FERNANDO HENRIQUE CARDOSO
Francisco Weffort
Este texto não substitui o publicado no DOU de 20.2.1998

ANEXO C

TERMO DE AUTORIZAÇÃO DE USO DE IMAGEM PESSOAL

AUTORIZAÇÃO DE USO DE IMAGEM

Eu, _____, portador da Cédula de Identidade nº _____, inscrito no CPF sob nº _____, residente à _____, nº _____, na cidade de _____, AUTORIZO o uso de minha imagem (ou do menor _____ sob minha responsabilidade) em fotos ou filme, sem (ou com) finalidade comercial, para ser utilizada no trabalho _____.

A presente autorização é concedida a título gratuito, abrangendo o uso da imagem supramencionada em todo território nacional e no exterior, incluindo a internet.

Por esta ser a expressão da minha vontade, declaro que autorizo o uso acima descrito sem que nada haja a ser reclamado a título de direitos conexos à minha imagem ou a qualquer outro.

_____, _____ de _____ de 20_____.

_____
Assinatura

Apêndice A

SITES ÚTEIS E CONTEÚDOS LIVRES DE ROYALTIES

A divulgação desses links não representa um aval para as pessoas usarem o conteúdo indiscriminadamente. Apesar do nosso cuidado em selecionar links com conteúdo gratuito, não existe uma forma única de licenciamento, e pode ocorrer de a imagem, vídeo ou áudio que você pretende usar ter algum tipo de restrição de uso.

Além disso, alguns sites oferecem conteúdo pago e outros gratuitos. Sempre confira as regras de uso em cada site e, em caso de dúvidas, consulte um advogado.

SITES DE REDES SOCIAIS	
Blogger	<https://www.blogger.com/>
Dailymotion	<https://www.dailymotion.com/br>
DTube	<https://d.tube/>
Facebook	<https://www.facebook.com/>
Google (conta mestre)	<https://myaccount.google.com/>
Guia Locais Google	<https://maps.google.com/localguides>
Instagram	<https://www.instagram.com/accounts/login/>
LinkedIn	<https://www.linkedin.com/>
Metacafe	<http://www.metacafe.com/>
Reddit	<https://www.reddit.com/>
SoundCloud	<https://soundcloud.com/>
Tumblr	<https://www.tumblr.com/login?language=pt_BR>
Twitch	<https://www.twitch.tv/>
Twitter	<https://twitter.com/>
Vimeo	<https://vimeo.com/pt-br>
Wordpress	<https://br.wordpress.com/>
YouTube – Escola de Criadores de Conteúdo	<https://creatoracademy.youtube.com/page/course/bootcamp-foundations>
YouTube – Estúdio de Criação	<https://studio.youtube.com/>
YouTube Creators – Escola de Youtubers	<https://www.youtube.com/intl/pt-BR/creators/>
YouTube NextUp[1]	<https://www.youtube.com/intl/pt-BR/creators/nextup/>

---

1 Canal funciona como impulsionador de carreira para youtubers com mais de 10 mil seguidores.

SITES DE INSPIRAÇÃO SOBRE GENERALIDADES

Desafio Mundial	<https://www.desafiomundial.com/br/>
e-Farsas	<http://www.e-farsas.com/>
Fatos Desconhecidos	<https://www.fatosdesconhecidos.com.br/>
G1	<https://g1.globo.com/fato-ou-fake/>
Incrível	<https://incrivel.club/>
Jesus Manero	<https://jesusmanero.blog.br/>
Megacurioso	<https://www.megacurioso.com.br/>
Pinterest	<https://br.pinterest.com>
TV Fama	<https://www.redetv.uol.com.br/tvfama>
You Like Codeha	<https://www.facebook.com/pg/YouLikeCodeha/videos/>

GUIA DE POSES

Digital Photography School	<https://digital-photography-school.com/21-sample-poses-photographing-female-models/>
Expert Photography	<https://expertphotography.com/photographers-guide-posing-men-portraits/>
Filter Grade (1)	<https://filtergrade.com/best-poses-for-male-models/>
Filter Grade (2)	<https://filtergrade.com/more-poses-for-male-models/>
Fix the Photo	<http://fixthephoto.com/blog/photo-tips/portrait-photo-shooting-basic-rules-about-posing-model.html>
Fotografia Mais	<https://fotografiamais.com.br/poses-para-fotos/>
Incrível	<https://incrivel.club/inspiracao-dicas/12-posturas-para-adotar-nas-fotos-e-parecer-artista-de-cinema-302710/>
Peta Pixel	<https://petapixel.com/2017/08/15/basic-tips-posing-female-models/>
Pinterest (1)	<https://br.pinterest.com/pin/557953841306512881/?lp=true>
Pinterest (2)	<https://br.pinterest.com/sarastorm/posing-guide-for-models/>
Pinterest (3)	<https://www.pinterest.co.uk/fionaasbury78/male-model-poses/?lp=true>
Posing App	<http://posingapp.com/>

GERADORES DE MEMES

I Love Img	<https://www.iloveimg.com/meme-generator>
Image Chef	<http://www.imagechef.com/meme-maker>
Img Flip	<https://imgflip.com/memegenerator>
Kapwing	<https://www.kapwing.com/meme-maker>
Make a Meme	<https://makeameme.org/>
Meme Center	<https://www.memecenter.com/memebuilder>
Meme Creator	<https://www.memecreator.org/create>
Memedroid	<https://pt.memedroid.com/memes/tag/meme+generator>
Memes	<http://www.memes.com/generator>

BANCOS DE IMAGENS LIVRES DE ROYALTIES	
Archive	<https://archive.org/details/movies>
Bucket Listly	<https://photos.bucketlistly.com/>
Creative Commons	<https://search.creativecommons.org/>
Every Stock Photo	<http://www.everystockphoto.com/>
Flat Icon	<https://www.flaticon.com/>
Flickr	<https://www.flickr.com/search/advanced/> (acione "Busque apenas no conteúdo licenciado pelo Creative Commons".)
Foter	<https://foter.com/>
Free Digital Photos	<http://www.freedigitalphotos.net/>
Free Pik	<https://br.freepik.com/>
Free Range Stock	<https://freerangestock.com/>
Get Refe	<http://getrefe.com/>
Gratis o Graphy	<https://gratisography.com/>
Image Base	<http://www.imagebase.net/>
Image Chef	<http://www.imagechef.com/meme-maker>
ISO Republic	<https://isorepublic.com/>
Magdeleine	<https://magdeleine.co/browse/>
Morguefile	<https://www.morguefile.com/>
Open Photo	<https://openphoto.net/>
Pexels	<https://www.pexels.com/royalty-free-images/>
Photo Pin	<http://photopin.com/>
Photogen	<http://www.photogen.com/>
Pic Jumbo	<https://picjumbo.com/>
Pic O Graphy	<https://picography.co/>
Pik Wizard	<https://www.pikwizard.com/>
Pixabay	<https://pixabay.com/pt/>
Public Domain Photos	<http://www.public-domain-photos.com/>
Public Domain Pictures	<https://www.publicdomainpictures.net/>
RGB Stock	<http://www.rgbstock.com/>
Seek PNG	<https://www.seekpng.com>
Shopify	<https://pt.shopify.com/burst>
Split Shire	<https://www.splitshire.com/>
Start Upstock Photos	<http://startupstockphotos.com/>
Stock Photos for Free	<https://www.stockphotosforfree.com/>
Stock Snap	<https://stocksnap.io/>
Stock Vault	<https://www.stockvault.net/>
TWNSnd	<https://nos.twnsnd.co/>
Unprofound	<http://www.unprofound.com/>
Unsplash	<https://unsplash.com/>
Vecteezy	<https://pt.vecteezy.com/>

Atenção: leia os direitos de uso nos sites.

ANEXOS E APÊNDICES

EDITOR DE FOTOS ON-LINE	
Be Funky	<https://www.befunky.com/pt/>
Canva	<https://www.canva.com/pt_br/>
Canvas	<https://canvas.apps.chrome/>
Fotor	<https://www.fotor.com/pt/>
Ipic Cy	<https://ipiccy.com/>
PhotoFunia	<https://photofunia.com/>
Photopea	<https://www.photopea.com/>
Pho.To	<http://funny.pho.to/pt/>
Pixlr	<https://pixlr.com/>
VSCO	<https://vsco.co/>

EDITOR DE VÍDEOS ON-LINE	
Canvas	<https://canvas.apps.chrome/>
Kizoa	<https://www.kizoa.com/Video-Editor>
Online Video Cutter	<http://online-video-cutter.com/>
Show Box	<https://showbox.com/>
We Video	<https://www.wevideo.com/>
YouTube Editor	<https://www.youtube.com/editor>

ANALISADORES E COMPLEMENTOS PARA AS REDES SOCIAIS	
Add Ictomatic	<http://addictomatic.com>
Agorapulse	<https://www.agorapulse.com/pt/>
Analytics	<http://www.google.com/analytics>
Audiense	<https://www.audiense.com>
Brand 24	<https://brand24.com>
Buffer	<http://www.buffer.com/>
Buzz Bundle	<http://www.buzzbundle.com>
Buzz Sumo	<http://buzzsumo.com>
Collec	<http://collec.to/plans>
Coschedule	<https://angelopublio.com.br/coschedule/>
Cyfe	<http://www.cyfe.com/>
Fan Page Karma	<http://www.fanpagekarma.com>
Follover Wonk	<https://followerwonk.com>
Google Alerts	<https://www.google.com/alerts>
Google Analytics	<https://www.google.com/analytics>
Google Trends	<https://www.google.com.br/trends/?hl=pt-PT>
Hoot Suite	<https://hootsuite.com/pt>
How Socialble	<http://www.howsociable.com/>
Ice Rocket	<http://www.icerocket.com>

ANALISADORES E COMPLEMENTOS PARA AS REDES SOCIAIS	
Icon O Square	<http://iconosquare.com>
Key Hole	<http://keyhole.co>
Klout	<https://klout.com/home>
Kred	<http://home.kred>
Like Alyzer	<http://likealyzer.com>
Mention	<http://en.mention.com>
My Top Tweet	<https://mytoptweet.com>
Onalytica	<http://content.onalytica.com>
Over Graph	<http://www.over-graph.com>
Plugg	<http://plugg.io>
Quintly	<https://www.quintly.com>
Rapportive	<http://rapportive.com>
Shared Count	<https://www.sharedcount.com>
Simply Measured	<http://simplymeasured.com>
Social Bakers	<https://www.socialbakers.com/free-social-tools>
Social Blade	<https://socialblade.com/>
Social Mention	<http://socialmention.com>
Social Oomph	<https://www.socialoomph.com>
Social Sercher	<http://www.social-searcher.com>
Sprout Social	<http://www.sproutsocial.com/>
Sumall	<https://sumall.com>
Twazzup	<http://www.twazzup.com>
Tweet Deck	<https://tweetdeck.com>
Tweet Reach	<https://tweetreach.com>
Twitonomy	<http://www.twitonomy.com>
Vidiq	<https://vidiq.com/>
Viral Woot	<http://viralwoot.com>
Whos Talkin	<http://www.whostalkin.com>
Woo Rank	<https://www.woorank.com/pt>
Yoono	<http://www.yoono.com>

MÚSICAS E TRILHAS LIVRES DE ROYALTIES	
Audio Socket	<https://www.audiosocket.com/>
Bem Sound	<http://www.bensound.com/>
CC Mister	<http://dig.ccmixter.org/>
Films Tro	<https://www.filmstro.com/>
Free Music Archive	<http://freemusicarchive.org/>

MÚSICAS E TRILHAS LIVRES DE ROYALTIES	
Incompetech	<http://incompetech.com/music/royalty-free/>
Josh Wood Ward	<http://www.joshwoodward.com/>
Marmos et Music	<https://www.marmosetmusic.com/>
Music Bed	<https://www.musicbed.com/>
Smartsound	<http://www.smartsound.com/>
Song Freedom	<http://www.songfreedom.com/home/library>
YouTube Audio Library	<https://www.youtube.com/audiolibrary/music>

Atenção: leia os direitos de uso nos sites.

EDITORES DE VÍDEO PARA PC, LINUX E MAC	
Gratuitos	
Da Vinci Resolve	<https://www.blackmagicdesign.com/products/davinciresolve/>
Free Video Editor	<https://www.dvdvideosoft.com/free-video-editor.htm>
iMovie (apenas Mac)	<http://www.apple.com/mac/imovie/>
Lightworks	<https://www.lwks.com/>
OBS Video Editor	<https://www.videograbber.net/obs-video-editor.html>
Openshot	<http://www.openshot.org/download/>
VSDC Free Video Editor	<http://www.videosoftdev.com/free-video-editor/download>
Windows Story Remix	Substituto do Windows Movie Maker – instalação via loja de aplicativos do Windows
Pagos	
Adobe After Effects	<https://www.adobe.com/br/products/aftereffects.html>
Adobe Premiere Pro	<https://www.adobe.com/br/products/premiere.html>
Avid	<http://www.avid.com/media-composer>
Camtasia Studio	<https://www.techsmith.com/video-editor.html>
ClickBerry	<https://editor.clickberry.tv/>
Final Cut	<http://www.apple.com/final-cut-pro/what-is/>
HitFilm Express	<https://hitfilm.com/express>
Movavi Video Editor	<https://www.movavi.com/pt/videoeditor/>
Pinnacle Studio	<http://www.pinnaclesys.com/PublicSite/us/Products/studio/>
PowerDirector	<https://es.cyberlink.com/products/powerdirector-video-editing-software/features_es_US.html>
Sony Vegas Movie Studio	<https://www.vegascreativesoftware.com/br/sem/vegas-movie-studio/>
VideoPad	<http://www.nchsoftware.com/videopad/index.html>
Wondershare Video Editor ou Filmora	<https://filmora.wondershare.com/video-editor/>

SCREENCAST (GRAVAÇÃO E CAPTURA DE TELA)	
CamStudio	<https://camstudio.org/>
Camtasia Studio	<https://www.techsmith.com/video-editor.html>
Ezvid	<http://www.ezvid.com/>
Filmora Scrn	<https://filmora.wondershare.com/screen-recorder/>
LightShot	<https://app.prntscr.com/pt-br/>
SmartPixel	<http://www.smartpixel.com/>
Snagit	<https://www.techsmith.com/screen-capture.html>
TinyTake	<https://tinytake.com/>

EDITORES DE ÁUDIO	
Audacity	<http://audacityteam.org/>
Kristal Audio Engine	<http://www.kreatives.org/kristal/>
MP3 Direct Cut	<http://mpesch3.de1.cc/mp3dc.html>
Ocean Audio	<http://www.ocenaudio.com.br/>
Power Sound Editor Free	<http://www.free-sound-editor.com/features.php>
Wave Osaur	<https://www.wavosaur.com/>
Wave Pad	<https://www.nch.com.au/wavepad/>
Wave Shop	<http://waveshop.sourceforge.net/index.html>

CHROMA KEY VIRTUAL	
Chroma Cam	<https://www.chromacam.me/>
X Split	<https://www.xsplit.com/pt-br/>

CONVERSOR DE TEXTO EM VOZ	
Amazon Polly	<https://aws.amazon.com/pt/polly/>
Balabolka	<http://www.cross-plus-a.com/br/balabolka.htm>
Google	<https://cloud.google.com/text-to-speech/?hl=pt-br>
Ivona	<https://www.ivona.com/>
Natural Readers	<https://www.naturalreaders.com/online/> (20 minutos de conversão grátis por dia)
Soar	<https://www.soarmp3.com/>
Text Aloud	<https://nextup.com/>

Anexos e apêndices

LOCUTORES	
Design da Voz	<http://www.designdavoz.com.br/locucao-profissional>
Off Brasil	<https://www.offsbrasil.com.br/>
Offs Barato	<http://www.offsbarato.com.br/>
Ponto dos Offs	<https://pontodosoffs.com.br>
Vozes Comerciais	<http://vozescomerciais.com.br/#banco-de-vozes>

SERVIÇOS DIVERSOS A PARTIR DE 5 DÓLARES	
99 Freelas	<https://www.99freelas.com.br/>
Fiverr	<https://www.fiverr.com/>

PARA SABER O RANKING DE DETERMINADO SITE	
Alexa	<https://www.alexa.com/>

PARA SABER A RECEITA ESTIMADA DOS CANAIS DO YOUTUBE	
SocialBlade	<https://socialblade.com/>

AGÊNCIAS ESPECIALIZADAS EM INFLUENCIADORES DIGITAIS	
Agência Lajoy	<https://www.agencialajoy.com/>
Air Influencers	<https://airfluencers.com/influenciadores/>
Celebryts	<https://celebryts.com/>
Fresh Lab	<https://www.freshlab.com.br/influenciadores/>
iFruit	<http://www.ifruit.com.br/>
Influency	<https://www.influency.me>
Putmeon	<http://www.putmeon.top/sou-digital-influencer/>
Socializers	<http://socializers.digital/sou-influenciador/>
Youka	<http://www.youka.com.br/>

Referências bibliográficas

ANÁLISE PREDITIVA. **Quando os dados começam a falar**. s/d. Disponível em: <http://www.analisepreditiva.com.br/quando-os-dados-comecaram-a-falar/>. Acesso em: 15 abr. 2019.

BORTOLOTTO, R. R. **Ata notarial**: o que é, para que serve e como utilizá-la! 30 mar. 2017. Disponível em: <http://bit.ly/2Y3oWN4>. Acesso em: 22 nov. 2018.

BRASIL. Câmara dos Deputados. **PL nº 10.938/2018**. Dispõe sobre a regulamentação da profissão de Youtuber. 31 out. 2018. Acesso em: <http://bit.ly/2NWCcPX>. Acesso em: 21 maio 2019.

BRASIL. Casa Civil. **Constituição da República Federativa do Brasil de 1988**. Disponível em: <http://www.planalto.gov.br/ccivil_03/constituicao/constituicao.htm>. Acesso em: 1º maio 2019.

_____. **Decreto-lei nº 2.848, de 7 de dezembro de 1940**. Código Penal. Disponível em: <http://www.planalto.gov.br/ccivil_03/decreto-lei/del2848compilado.htm>. Acesso em: 15 abr. 2019.

_____. **Lei nº 10.406, de 10 de janeiro de 2002**. Disponível em: <http://www.planalto.gov.br/ccivil_03/leis/2002/l10406.htm>. Acesso em: 23 maio 2019.

_____. **Lei nº 12.527, de 18 de novembro de 2011**. Disponível em: <http://www.planalto.gov.br/ccivil_03/_ato2011-2014/2011/lei/l12527.htm>. Acesso em: 23 maio 2019.

_____. **Lei nº 9.610, de fevereiro de 1998**. Disponível em: <http://www.planalto.gov.br/ccivil_03/leis/l9610.htm>. Acesso em: 24 maio 2019.

_____. **Lei nº 5.250, de 9 de fevereiro de 1967**. Disponível em: <http://www.planalto.gov.br/ccivil_03/leis/l5250.htm>. Acesso em: 23 maio 2019.

CORREIO DO ESTADO. **Com audiência de milhões, youtubers são escalados pela teledramaturgia**. 8 jul. 2018. Disponível em: <http://bit.ly/2JzWJpf>. Acesso em: 10 maio 2019.

FALCHETI, F. **Quem são os influenciadores que estarão em "O Aprendiz", na Band**. 12 fev. 2019. Disponível em: <http://bit.ly/2xKUQPL>. Acesso em: 15 abr. 2019.

FERREIRA, P. R. G.; RODRIGUES, F. L. **Ata notarial**: doutrina, prática e meio de prova. São Paulo: Quartier Latin, 2010.

FRIEND OR FOLLOW. **Twitter**: most followers. 2019. Disponível em: <https://friendorfollow.com/twitter/most-followers/>. Acesso em: 23 maio 2019.

GLOBO ESPORTE. **Cristiano Ronaldo diz que precisa dos "haters" para vencer**: eles me ajudam. 27 out. 2016. Disponível em: <https://glo.bo/2ShfP65>. Acesso em: 1º maio 2019.

GOOBEC. **Veja quantos usuários tem o Facebook, YouTube, Instagram e as outras redes sociais**. São Paulo, 1 dez. 2018. Disponível em: <https://www.goobec.com.br/blog/redes-sociais-dados-estatisticos-2018/>. Acesso em: 30 maio 2019.

GOOGLE. Ajuda do Local Guides. **Dicas para escrever ótimos comentários**. 2019d. Disponível em: <https://support.google.com/local-guides/answer/2519605?hl=pt-BR>. Acesso em: 20 maio 2019.

_____. **Política da comunidade**. 2019b. Disponível em: <https://support.google.com/local-guides/answer/7358351?hl=pt-BR>. Acesso em: 22 maio 2019.

_____. **Pontos, níveis e selos**. 2019c. Disponível em: <https://support.google.com/local-guides/answer/6225851?hl=pt-BR>. Acesso em: 18 maio 2019.

_____. **Estudo Global sobre o Usuário do YouTube.** São Paulo, 2013. Disponível em: https://think.storage.googleapis.com/intl/ALL_br/docs/youtube-global-user-brazil-report_research-studies.pdf. Acesso em: 8 dez. 2018.

_____. **Visão Geral**. 2019a. Disponível em: <https://support.google.com/local-guides/answer/6225846?hl=pt-BR>. Acesso em: 22 maio 2019.

INSTITUTO BRASILEIRO DE GEOGRAFIA E ESTATÍSTICAS (IBGE). **Projeção da população do Brasil e das Unidades da Federação**. Rio de Janeiro, 30 maio 2019. Disponível em: <https://www.ibge.gov.br/apps/populacao/projecao/index.html>. Acesso em: 30 maio 2019.

INSTITUTO QUALIBEST. **Influenciadores digitais**. 2019. Disponível em: <https://www.institutoqualibest.com/wp-content/uploads/2018/07/InstitutoQualiBest_Estudo_InfluenciadoresV4.pdf>. Acesso em: 23 maio 2019.

MAXWELL, J. C. **Talento não é tudo**. Rio de Janeiro: Thomas Nelson Brasil, 2007.

MCLUHAN, M. **Os meios de comunicação como extensão do homem**. 8. ed. São Paulo: Cultrix, 1969.

OFICINA DA NET. **10 perfis mais seguidos do Twitter no mundo**. Rio de Janeiro, 22 jun. 2017. Disponível em: <https://www.oficinadanet.com.br/post/19403-10-perfis-mais-seguidos-do-twitter-no-mundo>. Acesso em: 30 maio 2019.

OLHAR DIGITAL. **Saiba como se tornar um guia local do Google**. 14 fev. 2017. Disponível em: <https://olhardigital.com.br/noticia/saiba-como-se-tornar-um-guia-local-do-google/66105>. Acesso em: 20 abr. 2019.

ORGANIZAÇÃO DAS NAÇÕES UNIDAS (ONU). **Brasil é o quarto país com mais usuários de Internet do mundo, diz relatório da ONU**. 3 out. 2017. Disponível em: <https://nacoesunidas.org/brasil-e-o-quarto-pais-com-mais-usuarios-de-internet-do-mundo-diz-relatorio-da-onu/>. Acesso em: 24 maio 2019.

_____. **Declaração Universal dos Direitos Humanos**. 1948. Disponível em: <https://www.ohchr.org/EN/UDHR/Pages/Language.aspx?LangID=por>. Acesso em: 10 maio 2019.

PODER 360. **Twitter tem lucro de US$ 1,2 bilhão em 2018**. 7 fev. 2019. Disponível em: <https://www.poder360.com.br/midia/twitter-tem-lucro-de-us-12-bilhao-em-2018/>. Acesso em: 22 maio 2019.

SERASA. **5 dicas para ganhar dinheiro com o YouTube**. 2018. Disponível em: https://www.serasaconsumidor.com.br/ensina/como-ganhar-dinheiro/ganhar-dinheiro-com-o-youtube/. Acesso em: 30 maio 2019.

SILVEIRA, D. **Brasil tem mais de 208,5 milhões de habitantes, segundo o IBGE**. 29 ago. 2018. Disponível em: <https://glo.bo/2LUgJUU>. Acesso em: 15 abr. 2019.

SOCIALBAKERS. **Twitter statistics for Brazil**. 2019. Disponível em: <https://www.socialbakers.com/statistics/twitter/profiles/brazil/>. Acesso em: 23 maio 2019.

SOCIALBLADE. **Top 250 youtubers in Brazil sorted by SB rank**. 2019. Disponível: <https://socialblade.com/youtube/top/country/br>. Acesso em: 20 maio 2019.

TWITTER. **Glossário**. 2019b. Disponível em: <https://help.twitter.com/pt/glossary>. Acesso em: 15 abr. 2019.

_____. **Perguntas frequentes de novos usuários**. 2019. Disponível em: <https://help.twitter.com/pt/new-user-faq>. Acesso em: 10 maio 2019.

VASCONCELOS, Y. **Qual foi o primeiro vídeo do YouTube?** 4 jul. 2018. Disponível em: <https://super.abril.com.br/mundo-estranho/qual-foi-o-primeiro-video-do-youtube/>. Acesso em: 1º maio 2019.

WOLFRAM RESEARCH. **Wolfram|Alpha**. Champaign (Illinois), 1 dez. 2018. Disponível em: <https://www.wolframalpha.com>. Acesso em: 30 maio 2019.

Referências bibliográficas

CRÉDITO DAS IMAGENS

PARTE 1 – CONCEITUAÇÃO
elenabs/Getty Images

PARTE 2 – PRÁTICA
elenabs/Getty Images

PARTE 3 – CUIDADOS LEGAIS
elenabs/Getty Images

PARTE 4 – ANEXOS E APÊNDICES
Lightcome/Getty Images

CAPÍTULO 1
Abertura: TarikVision/Getty Images

CAPÍTULO 2
Abertura: TeraVector/Getty Images
Figura 2.1: alexsl/Getty Images
Figura 2.2: elaborado pelos autores

CAPÍTULO 3
Abertura: TarikVision/Getty Images
Figura 3.1: Tangente Design
Figura 3.2: Betsart/Getty Images
Figura 3.3: Edgar César Filho (1998)/Instituto Athos Bulcão
Figura 3.4: Tagente Design

CAPÍTULO 4
Abertura: jattumongkhon/Getty Images
Figura 4.1: Rawpixel/Getty Images

CAPÍTULO 5
Abertura: Ade Akinrujomu/Getty Images
Figura 5.1: tudmeak/Getty Images
Figura 5.2: EmBaSy/Getty Images
Figura 5.3: Rawpixel/Getty Images
Figura 5.4: Mykyta Dolmatov/Getty Images

CAPÍTULO 6
Abertura: exdez/Getty Images
Figura 6.1: Reprodução
Figura 6.2: Rawpixel Ltd/Getty Images

CAPÍTULO 7
Abertura: Skathi/Getty Images
Figura 7.1: Reprodução
Figura 7.2: diephosi/Getty Images
Figura 7.3: Rock Content

CAPÍTULO 8
Abertura: bubaone/Getty Images
Figura 8.1: Reprodução
Figura 8.2: Reprodução
Figura 8.3: Reprodução
Figura 8.4: Reprodução
Figura 8.5: Reprodução
Figura 8.6: Reprodução
Figura 8.7: Instituto QualiBest (2019)
Figura 8.8: Reprodução
Figura 8.9: Rock Content
Figura 8.10: Reprodução

CAPÍTULO 9
Abertura: oberart/Getty Images
Figura 9.1: Reprodução
Figura 9.2: Reprodução
Figura 9.3: Rock Content
Figura 9.4: Rock Content
Figura 9.5: Reprodução
Figura 9.6: Reprodução
Figura 9.7: Reprodução
Figura 9.8: Reprodução
Figura 9.9: Reprodução
Figura 9.10: Reprodução

CAPÍTULO 10
Abertura: TarikVision/Getty Image
Figura 10.1: Reprodução
Figura 10.2: Reprodução
Figura 10.3: Reprodução
Figura 10.4: Reprodução
Figura 10.5: Reprodução
Figura 10.6: Reprodução
Figura 10.7: Rock Content (2019)
Figura 10.8: Rock Content (2019)
Figura 10.9: Rock Content (2019)
Figura 10.10: Rock Content (2019)

CAPÍTULO 11
Abertura: Mykyta Dolmatov/Getty Images
Figura 11.1: Reprodução
Figura 11.2: Reprodução
Figura 11.3: Reprodução
Figura 11.4: Reprodução
Figura 11.5: Reprodução
Figura 11.6: Rock Content
Figura 11.7: Rock Content
Figura 11.8: Rock Content

CAPÍTULO 12
Abertura: TarikVision/Getty Images
Figura 12.1: Reprodução
Figura 12.2: Reprodução

CAPÍTULO 13
Abertura: Natalia Varlamova/Getty Images

CAPÍTULO 14
Abertura: zal999/Getty Images